Sebastian Painadath

Befreiung zu wahrem Leben

Für Sylvia,

Erkenne wer du bist:
Du bist "göttlich"!
Werde ES!

S Painadath
25.02.06

Sebastian Painadath

Befreiung zu wahrem Leben

50 meditative Schritte der Selbsterkenntnis

Kösel

Die Zeichnungen in diesem Buch wurden von
P. Roy Mathew SJ
gestaltet.

Druck und Bindung: Kösel, Krugzell
Umschlag: Kaselow Design, München
Umschlagmotiv: zefa/J. Westrich
ISBN-10: 3-466-36714-X
ISBN-13: 978-3-466-36714-6

*Gedruckt auf umweltfreundlich hergestelltem Offsetpapier
(säurefrei und chlorfrei gebleicht)*

Inhalt

119 Weg nach außen

Gott ist Mensch geworden,
damit der Mensch göttlich wird.

Augustinus

Wer Gott erkennt,
wird göttlich.

Mundaka Upanishad

Einführung

Dieses Handbuch der Meditation zur geistlichen Selbsterkenntnis ist eigentlich nicht von mir verfasst. Es ist aus den vielen Meditationskursen entstanden, die ich in den letzten 25 Jahren in Indien und in den deutschsprachigen Ländern Europas gehalten habe. Die Erfahrungen und Rückmeldungen der Teilnehmerinnen und Teilnehmer haben maßgeblich zu seiner Gestaltung beigetragen. So gesehen ist es ein Buch, das aus gelebter Praxis Gestalt gewonnen hat. Bei den vielen geistigen Mitpilgern und Freunden bedanke ich mich für ihre Begleitung und Ermutigung.

Ich habe vier Probleme des geistlichen Lebens festgestellt, die viele ernsthaft suchende Menschen immer wieder formulieren:

- Ich kann nicht beten, weil ich nicht zur Ruhe kommen und innerlich gesammelt bleiben kann.
- Ich meditiere gerne ohne Gegenstand, aber Gott erscheint kaum auf meinem inneren Weg.
- Ich kann auf Gott hin meditieren, aber ich erfahre nicht Christus auf dem Weg der Versenkung.
- Ich genieße die Stille, aber mir gelingt die Verbindung zwischen Meditation und Alltag nicht.

Es geht hier grundsätzlich um das Problem der personalen Gottesvorstellung. Viele Menschen finden kaum zu einer inneren Begegnung mit dem personalen Gott, wie ihn der traditionelle christliche Glaube zu vermitteln versucht. Ist dies das Zeichen eines geistigen Reifungsprozesses oder ein Verlust an Glauben? Manche lassen sich von den Meditationsmethoden der östlichen Religionen faszinieren. Leider wird die östliche Mystik aber oft auch als Verleugnung des Glaubens an den personalen Gott missverstanden; das Wesen der christlichen Spiritualität wird einseitig in der Begegnung mit dem personalen Gott erkannt. So höre ich den Vorwurf, Annäherung an die östliche Meditationstradition sei ein Verrat des christlichen Glaubens! Dagegen frage ich mich: Kann nicht eine intensive Begegnung mit der östlichen Mystik die christliche Spiritualität befruchten, vertiefen und erweitern? Im vorliegenden Buch wird dieser Frage nachgegangen. Im heutigen Zeitalter des Dialoges scheint dieses Anliegen enorm wichtig zu sein. Meine jahrelange Erfahrung im Umgang mit den Hindus in Indien hat mir geholfen, die mystische Dimension der christlichen Spiritualität wachzurufen.

Eine Grundfrage, die viele ernsthafte Christen heute stellen, lautet: Wo und wie erfahren wir Christus? In den herkömmlichen Formen der Christusfrömmigkeit wird oft betont: Wir erfahren ihn

- im Jesus der Geschichte, dem man in die Vergangenheit zurückblickend begegnet,
- im Christus des Glaubens, den man als du betrachtet und anbetet,
- in Christus, dem Herrn der Welt, den man sich in den himmlischen Höhen vorstellt,
- in Christus als Gegenstand der Verehrung oder Gestalt der Nachahmung,
- in Christus, dem einzig wahren Erlöser, im Gegensatz zu den anderen Erlösergestalten.

All diese Aspekte sind wichtige Bestandteile im Vollzug des Glaubenslebens. Trotzdem verlangen die christlichen Mystiker einen tieferen Zugang zur Christuserfahrung:

- Christus ist Gott-in-uns hier und jetzt.
- Christus ist Gott-mit-uns in der Gegenwart.
- Christus ist die Gegenwart des mit uns leidenden und unser Leben neu gestaltenden Gottes.
- Christus ist Erlöser im Prozess der universalen Heilsgeschichte, in welche die Weltreligionen einbezogen sind.

Die im Folgenden angebotenen Meditationsübungen basieren auf diesem mystischen Ansatz des Christusverständnisses. Der Übende erfährt Christus als Gegenwart Gottes in der göttlichen Tiefe der Gegenwärtigkeit. Ein solcher Zugang verneint nicht die Heilsgestalten der anderen Religionen, sondern achtet sie als Vermittler der Gott-Mensch-Begegnung in den Herzen der Menschen. In den spirituellen Erfahrungen der anders glaubenden Menschen habe ich echte Heilserfahrung gespürt und in ihren Schriften die Offenbarung des Wortes Gottes erkannt.

Erst in tiefer Stille wird uns ein mystischer Zugang zur Christuserfahrung geschenkt. Daher wird in den Übungen viel Wert auf Stille gelegt, die eigentlich bedeutet:

- Man erlebt die Stille im ganzen Leib.
- In der Stille nimmt man sich ehrlich wahr, wie man geworden ist.
- Es geht um die Stille, die den Übenden zum Hörer des Wortes macht.
- Es ist eine Stille, in der man dem Geist Raum gibt.
- In der vom Geist getragenen Stille erfährt man die Einheit mit dem Seinsgrund.
- In der Stille erlebt man eine Harmonie mit allen Wesen.

In dieser ganzheitlichen Stille lässt sich der Übende auf einen inneren Pilgerweg ein. Die Meditation ist der Weg nach innen, zu den tiefen Schichten des Bewusstseins, zu der inneren Kammer, die Jesus als den Innenraum der Gottesbegegnung bezeichnete. So gesehen ist die Meditation ein Prozess der Versenkung,

- ein Begleitetwerden vom inneren göttlichen Meister,
- eine Verwandlung von der Isolation im kleinen Ich zur All-Einheitserfahrung,
- eine Verwurzelung im göttlichen Seinsgrund,
- ein Hineintauchen in die verborgene göttliche Quelle,
- eine Erfahrung des Duchlichtet-Werdens vom göttlichen Licht.

Archetypische Symbole werden auf diesem inneren Weg aufgegriffen. In den Meditationsübungen nimmt man das Symbol nicht im vergegenständlichenden Denkbereich auf, sondern in der Tiefe der intuitiven Wahrnehmung. Es geht nicht um die Vorstellung dieser Bilder in der Fantasie als Gegenstand der Betrachtung, sondern um die Selbstidentifikation mit diesen Bildern. Der Übende wird zum Baum oder Quellbrunnen, zum Weizenkorn oder Lichtstrahl. Nur dann kann er den mit dem Symbol verbundenen Verwandlungsprozess erleben. In diesem Prozess lässt er dem Geist Raum.

Die symbolbezogenen Meditationen sind eigentlich keine Techniken, die einen Heilszustand erzeugen, sondern Wege zur tieferen Wahrnehmung des Heilsprozesses in uns. Symbole machen den Übenden aufnahmebereiter für den verwandelnden Geist Gottes. Symbole vereinigen *(syn-ballein)* die verschiedenen Aspekte des geistlichen Lebens. Letztlich geht es um die Erfahrung der All-Einheit: um Harmonie mit allen Wesen im göttlichen Seinsgrund. Zu dieser Heilserfahrung begleiten uns die Mystiker der Religionen. Darum werden die Symbole in den Meditationsübungen in Bezug auf die Klassiker der Mystik aufgenommen:

- *Meister* im Blick auf die Bhagavad Gita,
- *Weizenkorn* im Blick auf die Texte von Meister Eckhart,
- *Baum* und *Quellbrunnen* im Blick auf das Johannesevangelium,
- *Licht* im Blick auf Johannesevangelium und Paulusbriefe.

Mystiker und Meister der Religionen bezeichnen den Versenkungsweg als einen inneren Gang durch die verschiedenen Schichten des Bewusstseins.[1] Grundsätzlich könnte man von vier Bereichen sprechen:

- Mentalbereich (Wachbewusstsein),
- psychischer Bereich (Unterbewusstsein),
- spiritueller Bereich (spirituelles Bewusstsein),
- mystische Erfahrungstiefe (mystisches Bewusstsein).

Im Verlauf der Meditation sinkt das Bewusstsein vom ersten auf den vierten Bereich hin. Im Mentalbereich herrscht die alles vergegenständlichende Denkart des Verstandes. Begriffe und Gefühle, Fantasien und Vorstellungen, Entschlüsse und Erwartungen entstehen auf dieser oberen Ebene des Verstehens und Wollens. Die Zerstreuungen während der Meditation melden sich in diesem Bereich. Der Verstand vergegenständlicht alles, auch Gott. Auf dieser Bewusstseinsebene entfaltet sich eine unerlässliche Ich-Du-Beziehung mit Gott.

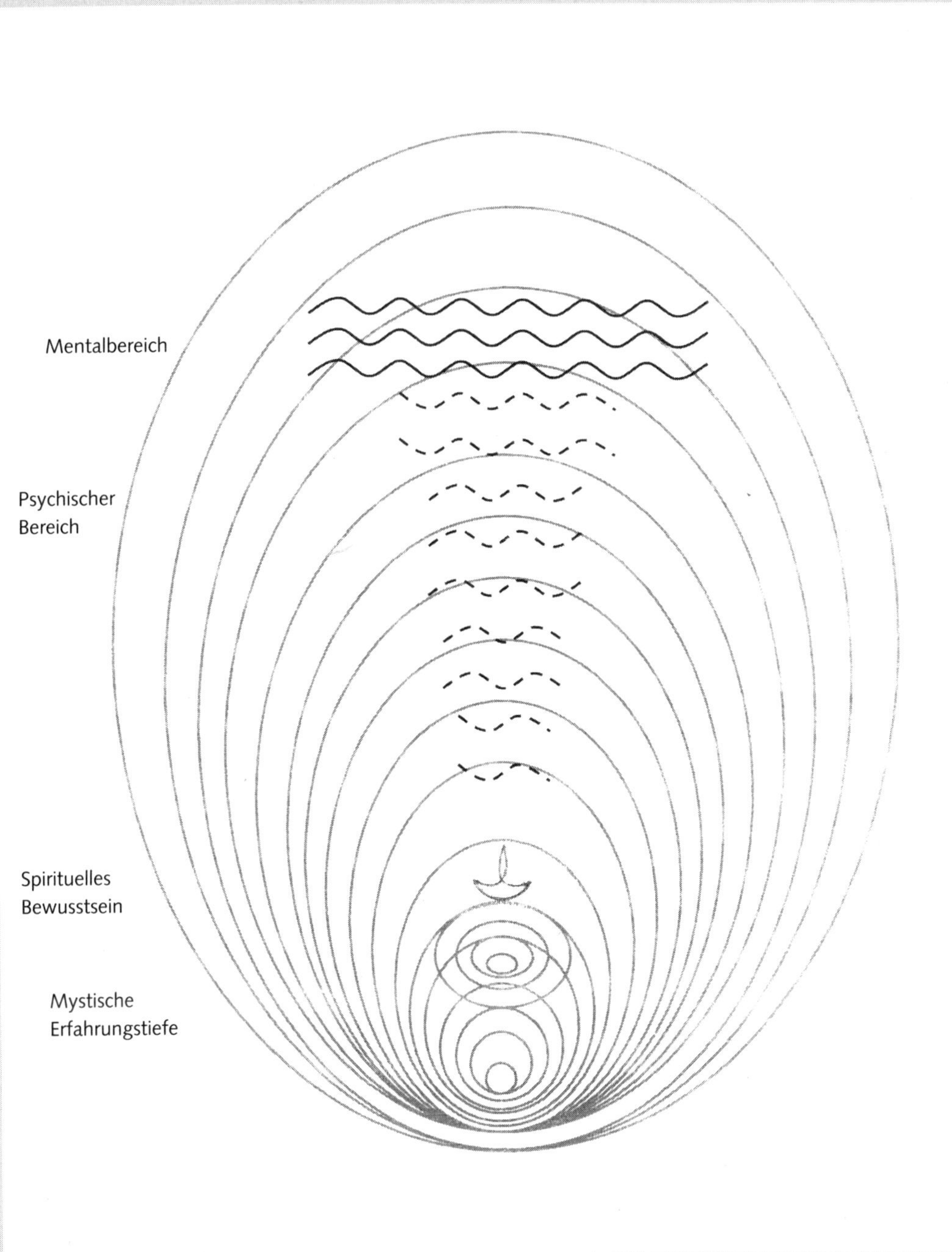
Mentalbereich
Psychischer Bereich
Spirituelles Bewusstsein
Mystische Erfahrungstiefe

Das Voranschreiten zu den tieferen Schichten des Bewusstseins ist ständig von Faktoren des Unterbewusstseins beeinflusst. Im Verlauf der Meditation tauchen aus dem psychischen Bereich Bilder und Erinnerungen auf, die den Prozess fördern oder hemmen. Der Gang durch diesen inneren Dschungel kann manchmal sehr mühsam werden. Hierfür braucht der Übende viel Vertrauen auf den göttlichen Meister und die Zuversicht, dass der Weg weitergeht.

Die Wahrnehmungsfähigkeit im spirituellen Bewusstseinsbereich wird oft mit einer inneren Flamme oder mit dem inneren Auge verglichen. Mystiker aller Religionen sprechen von diesem intuitiven Erkenntnisvermögen. Im Osten heißt es *buddhi*. Hier erwacht das Gespür für das Geheimnis der Transzendenz, des Göttlichen. Darum wird Meditation als der innere Gang zur *buddhi* dargestellt. *(dhi-yāna)*.

Der vierte Bereich der mystischen Erfahrung ist eigentlich unbeschreibbar. Die anfängliche Ich-Du-Beziehung mit Gott wird in eine tiefe Einheitserfahrung mit dem Göttlichen verwandelt. Das Göttliche wird als das wahre Subjekt des Seins erfahren. Das menschliche Selbst wird ganz für Gottes Geist durchlässig. In der christlichen Glaubenserfahrung ist es die Vereinigung des menschlichen Seins mit dem inner-trinitarischen Lebensprozess. Jesus erlebte diese tiefste Einheit und er lässt uns daran teilhaben. »Alle sollen eins sein, wie wir, der Vater und ich, eins sind« (Joh 17,22).

Im Bezug auf Gotteserfahrung wird in diesen Übungen ein bewusstes Umschalten spürbar:

- von vergegenständlichender Denkart zur verinnerlichten Wahrnehmung,
- von der personifizierten Gottesvorstellung zum Erfassen des transpersonalen göttlichen Geheimnisses,
- von Gott als Objekt der Verehrung zum Göttlichen als Subjekt der Erfahrung,
- von der dualistischen Frömmigkeit zur mystischen Einheitserfahrung,
- vom mentalen Bereich zur *buddhi*.

Damit ist nicht der Wert der Ich-Du-Beziehung mit Gott geleugnet, sondern diese wird als Einstieg auf dem spirituellen Weg ernst genommen. Allerdings wird hierbei die ständige Herausforderung der Mystiker geachtet: Geh über alle Bilder hinaus! Der Gegenwart des göttlichen Geistes ganz gegenwärtig zu sein, dem »aus unseren Herzen wortlos seufzenden Geist« Raum zu geben – darum geht es in den Übungen (Röm 8,26). Wahre Gottesbegegnung geschieht »in Geist und Wahrheit«, nicht so sehr in Tempeln und Riten (Joh 4,21-23). Durch die Meditation lässt man sich auf den Weg des Geistes ein, »der die Tiefen des Göttlichen erforscht« (1 Kor 2,10).

In allen Übungsreihen ist der folgende Grundrhythmus erkennbar:

- Sich annehmen, wie man geworden ist.
- Sich dem göttlichen Meister anvertrauen.
- Sich einswerden lassen mit dem göttlichen Grund.
- Sich verwandeln lassen vom Geist Gottes.
- Die neue Weltsicht: Gott in allem sehen und alles in Gott sehen.
- Die neue Motivation: Sich für die neue Schöpfung des Geistes einsetzen.

Der göttliche Meister führt den Suchenden von der ehrlichen Selbstannahme zur Einheitserfahrung und zu einem befreienden Weltbewusstsein. Dabei gibt es eine erste Phase des Eintauchens in die Tiefe der Gegenwart Gottes und eine zweite Phase des Auftauchens zum Einsatz für die Welt; die eine liegt in der Hinwendung zur göttlichen Mitte und die andere in der Zuwendung zur Welt.

In der ersten Phase könnte man erleben:

- Die Selbstannahme: Ich bin, der ich geworden bin.
- Das Grundvertrauen: Ich vertaue mich Gott in mir an.
- Die Dreifaltigkeit: Mein Leben entfaltet sich im göttlichen Lebensprozess.

In der zweiten Phase könnte man erfahren:

- Die *Theopathie:* Gott leidet mit mir.
- Die *Theosis:* Gott verwandelt mein Leben in göttliches Leben.
- Die *Theophanie:* Gott scheint durch alles hindurch.

Der geistliche Weg hat eine zweifache Ausrichtung: den Weg nach innen und den Weg nach außen.

- In den ersten drei Übungsreihen geht es vor allem um den Weg nach innen: zum inneren Raum der Stille.
- In den letzten zwei Übungsreihen geht es um den Weg nach außen: zum Alltag in der Welt.
- Die fünf symbolbezogenen Übungen, die dazwischen angeboten sind, sollen dem Übenden helfen, den geistlichen Prozess deutlicher zu erleben.

Weg nach innen	**Symbole der Verwandlung**	**Weg nach außen**
Kapitel 1–3	Kapitel 4–8	Kapitel 9–10
geerdet sitzen *den Leib erspüren*	Meister: *begleitet werden*	Weg: *mit Gott unterwegs sein*
den Atem wahrnehmen	Weizenkorn: *verwandelt werden*	Barmherzigkeit: *mit allem tief verbunden sein*
mit Wort / Name / Mantra still werden	Baum: *verwurzelt sein*	
	Quellbrunnen: *durchlässig sein*	
	Licht: *durchlichtet werden*	

In den Übungsanweisungen gilt es, die folgenden Elemente zu beachten:

- **Sitz:** aufrecht und entspannt, wenn möglich auf dem Erdboden sitzen.
- **Atem:** entspannt und bewusst, mit dem Erspüren des Atemstroms im Leib ein- und ausatmen.
- **Besinnung:** der inneren Bewusstseinslage ehrlich nachspüren.

- **Wahrnehmung:** mit dem Begleitbild verbunden die inneren Bewegungen erspüren.
- **Begleitbild:** bei einem Bild bleiben und den damit verbundenen Prozess intensiv erleben.
- **Übungswort:** das Wort oder Mantra ins Innere einwirken lassen, mit dem Atemzug wiederholen.

Ich empfehle die folgende Art des Umgehens mit den Übungsreihen:

- Es ist wichtig, die ersten drei Übungsreihen gründlich zu praktizieren. Dafür soll man sich länger Zeit nehmen und die Grundübungen mehrmals wiederholen, bis man spürt, dass eine tiefe innere Stille angekommen ist.
- In diesem Innenraum der Stille darf man eines der fünf Symbole aufnehmen, von dem man sehr angesprochen wird, und die damit verbundene Übungsreihe intensiv praktizieren. Man sollte so lange bei der Identifikation mit dem Symbol bleiben, bis man den Verwandlungsprozess tief erspüren kann.
- Danach sollte man zu den letzten zwei Übungsreihen kommen und sie wirksam praktizieren. Sie helfen dem Übenden, Gottes Gegenwart in der Welt intensiv wahrzunehmen und dementsprechend das Leben neu zu gestalten.
- Danach kann man die anderen Symbole aufnehmen, damit sie den geistlichen Prozess vertiefen und verdeutlichen helfen. Es ist allerdings wichtig, dass man die Symbole nicht ständig wechselt. Jedes archetypische Symbol braucht eine gewisse Zeit, ins Innere einzuwirken und den geistlichen Verwandlungsprozess in Gang zu setzen. Man muss lernen, mit einem konkreten Symbol zu leben, das dem inneren Prozess einen Anhaltspunkt und eine Klarheit verleiht.
- In all diesen Schritten darf man ständig nach innen horchen und spüren: Wohin führt mich der Geist Gottes? Was kommt in mir jetzt in Bewegung? Was geschieht in mir? Durchgehend soll der Übende in einer empfangenden Haltung bleiben. Er soll nicht das Gefühl haben, unter Leistungsdruck zu stehen. Jede echte geistliche Erfahrung ist Gnade: Gott ist der Wirkende, der Verwandelnde, das Subjekt unseres Seins.

- Bevor man eine Übung beginnt, ist es wichtig, den jeweiligen Reflektionsteil genauer zu lesen, damit der geistige Gehalt der Übung richtig verstanden wird. Das Diagramm, das mit der Einführung zu jeder Übungsreihe angegeben ist, soll eine Hilfe sein, die Grundausrichtung der Übungen grafisch zu vergegenwärtigen.
- Wie lange kann eine Meditationssitzung dauern? Der Übende soll eigentlich über die Zeitdauer selbst entscheiden: nicht weniger als 30 Minuten und nicht länger als 60 Minuten. Es ist besser, täglich zu üben: am selben Ort, in der gleichen Körperhaltung, zum selben Zeitpunkt, wenn möglich in einer frühen Morgenstunde. Wachstum im geistlichen Leben setzt Askese und Disziplin voraus.
- Es ist sehr zu empfehlen, von Anfang an meditative Bilder zu malen. Es geht nicht darum, dass man zwanghaft nach jeder Übung zeichnet, sondern dass der Übende dem intuitiv aufleuchtenden Bild Raum gibt und Farbe verleiht: Nicht ich zeichne, es zeichnet. Auch die Deutung des Bildes soll in einer rezeptiven Haltung geschehen. An der Reihe der aus der Meditation entstandenen Bilder kann man den inneren geistlichen Werdegang erspüren und deuten. Hilfreich ist es auch, ein geistliches Tagebuch anzulegen, sowie mit einem geistlichen Begleiter gelegentlich über die inneren Erfahrungen zu reflektieren.

Eine umfassende Abhandlung der Spiritualität ist nicht das Anliegen dieses Buches. Ich möchte es den Suchenden als Wegbegleiter mitgeben. Viele Menschen sind auf diesem Weg gegangen. Ihre Erfahrungen ermutigen mich, diese Übungsanweisungen breiteren Kreisen anzubieten. Ganz herzlich danke ich meinem indischen Mitbruder Ray für die geistvollen Zeichnungen und meinen Freunden Sr. Veronika Elisabeth Schmitt OCD (Karmel Dachau) und Elmar Rettelbach (Würzburg) für die Korrektur des Manuskripts. Dem Kösel-Verlag bin ich für die Publikation des Buches dankbar.

Im August 2005
Sebastian Painadath SJ
Sameeksha-Ashram
Kalady, Indien

Weg nach innen

Der Leib

In der ersten Reihe der Grundübungen geht es vor allem um die äußere und innere Haltung.

Äußere Haltung: Es ist wichtig, aufrecht, entspannt, fest und innerlich gesammelt zu sitzen. Der Rücken, der Nacken und der Kopf müssen aufrecht bleiben. Nur dann kann der Strom der Atemkraft die Wirbelsäule entlang ungehindert fließen und die Energiezentren aktivieren. Die Augen bleiben ganz geschlossen oder halb geöffnet.

Innere Haltung: Der Übende bejaht seine momentane Lage im Leben ganz und nimmt sich an, wie er geworden ist. Diese Selbstannahme bedeutet auch die Bejahung der eigenen Leiblichkeit und des Lebensumfeldes.

Durch das Hineinspüren in die Erde sowie das Durchspüren des Leibes erlebt man die tragende Stille der Erde und des Leibes. Die Erfahrung der Einheit zwischen der Erde und dem Leib verleiht dem geistlichen Prozess eine biologische Basis. In der tiefen Einheit mit der ganzen Schöpfung lässt man sich auf den Versenkungsweg ein.

1. Ich setze den inneren Weg dort an, wo ich stehe.
2. Ich sitze geerdet und mit allen Wesen tief verbunden,
3. ... wie ein Baum in der Erde verwurzelt, aufrecht und wach.
4. Ich sitze in der Leibmitte verankert.
5. Mich freudig annehmend spüre ich den ganzen Leib durch.

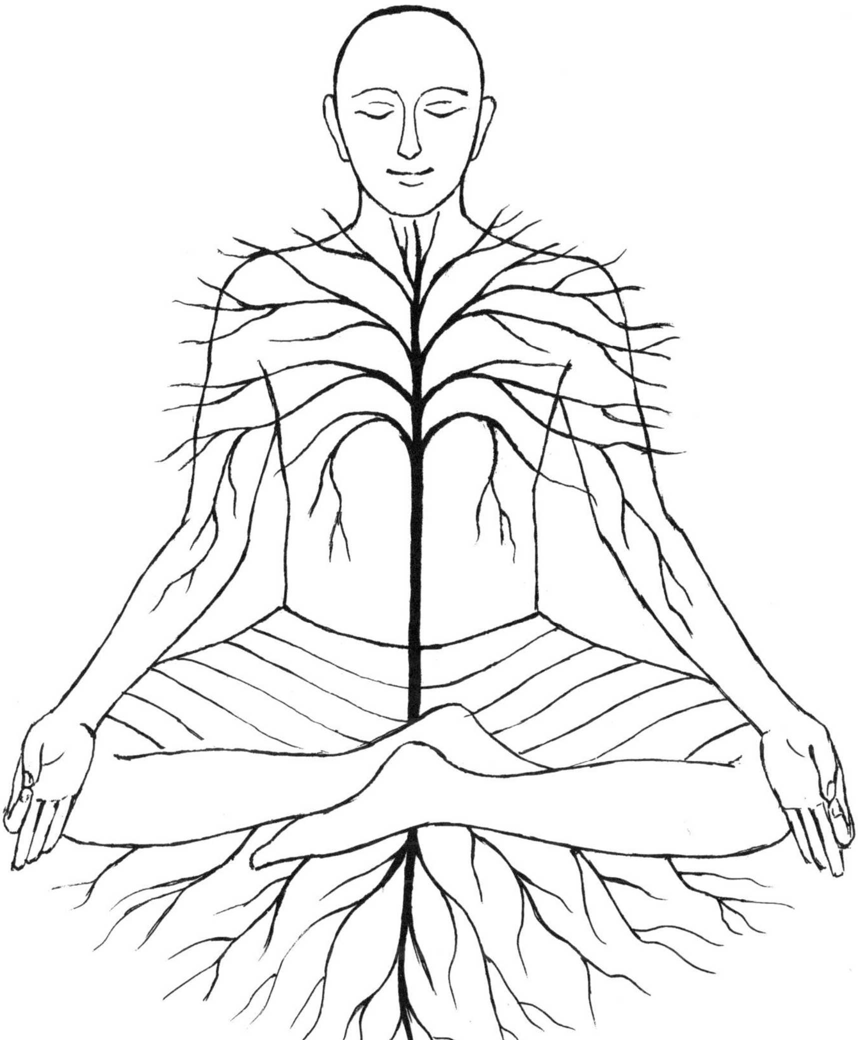

Sich annehmen

Geistliches Leben ist wie eine innere Pilgerreise. Der längste Weg, den wir je gehen können, ist der innere Weg zum wahren Selbst. Wenn wir uns auf diesen Weg begeben, dann werden wir fähiger, im gegebenen Augenblick ganz achtsam zu sein, der Gegenwart ganz gegenwärtig zu sein. Wer ganz in der Gegenwart verweilt, ist immer geistig unterwegs und doch immer am göttlichen Ziel. Der Weg ist bereits das Ziel.

Wo soll ich diese innere Pilgerreise beginnen? Dort, wo ich gerade stehe. Darum frage ich mich ehrlich: Wo bin ich in der Entfaltung meines Lebens angekommen? Was bewegt mich jetzt ganz tief? Welche sind meine Licht-, welche meine Schattenseiten? Mit Ehrlichkeit und Ernsthaftigkeit schaue ich mich an. Es geht hier nicht darum, eine Auswertung meines Lebensweges vorzunehmen. Ich möchte nicht fragen, was ich vor Gott verdient habe oder welche Sünden ich begangen habe. Ich möchte mich einfach tief anschauen, so wie Gott mich anschaut. Ich möchte mich so annehmen, wie ich bereits von Gott angenommen bin. Ich habe Vertrauen zu Gott, der mein Leben verwandelt, und zu mir, weil ich Gott so teuer bin. Ich lasse mich ganz und gar auf die Gegenwart Gottes ein mit der Zuversicht: Ich kann nicht tiefer fallen als in die Hände, die mich tragen und heilen.

Ich höre aber auch aus der Tiefe die Einladung: Kehr um! Geistliches Leben bedeutet immerzu Einkehr und Umkehr. Es geht primär um eine mystische Umwandlung. Die Einladung bezieht sich mehr auf das Sein als auf das Tun, mehr auf eine Vertiefung und Erweiterung des Bewusstseins als auf Leistung. Der Geist bewegt mich von innen her, dorthin zu pilgern, wo das eigentliche Heil in meinen tiefen Schichten entsteht. Er führt mich zu dem inneren, göttlichen Raum der Freiheit und der Liebe. Dort erstrahlt das innere Licht, wie es Buddha erfuhr. Dort öffnet sich die heilende Quelle, wie es in Jesus geschah. Dort entfaltet sich die Kraft der Liebe, wie die Sufis sie spürten. Zu dieser inneren Kammer geht meine geistige Pilgerreise. Von dort aus entfaltet sich eine neue Seinsweise in meinem Leben. Dann kann ich blühen, dort wo ich gepflanzt bin.

Wenn du betest, geh in deine Kammer,
schließ die Tür zu,
und bete zu deinem Vater,
der im Verborgenen ist.

Mt 6,6

Meditation

Sitz: Ich sitze aufrecht und entspannt. Mit geschlossenen Augen nehme ich den Raum wahr, wo ich bin: die Länge, Breite, Höhe, das Licht und die Schatten, die Geräusche und die Stille ... Hier und jetzt ganz da sein.

Besinnung: Ich frage mich: Wo stehe ich jetzt in meinem Familienleben, im Beruf, im Umgang mit den Menschen ...? Welches Gottesbild trägt mich? Wie ist meine Beheimatung in der Glaubensgemeinschaft? Was sind meine prägenden Gefühle, meine leitenden Gedanken und Motivationen? Was bereitet mir Kummer, Sorge, Schuldgefühle?

Begleitbild: Ich schaue mich an, wie ich geworden bin, und lasse mich mit Vertrauen auf den Weg zur inneren Kammer ein. Ich gebe dem göttlichen Geist Raum in mir.

Geerdet Sitzen

Nachdem der momentane innere Standort des Lebens wahrgenommen ist, darf die geistige Pilgerreise beginnen. Es ist wichtig, dass wir auf der inneren Reise mit der gesamten Wirklichkeit verbunden bleiben. Geistiger Prozess führt den Übenden nicht weg vom Lebensumfeld, sondern bindet ihn enger in den Lebensprozess ein und führt dabei zu einer ganz anderen Tiefe.

Es ist wichtig, die Reise im Geerdetsein zu beginnen. Die Erde ist nicht einfach tote Materie, die wir ausnutzen und ausbeuten können; die Erde ist der tragende Mutterboden unserer Existenz. Nach dem biblischen Schöpfungsmythos hat Gott den ersten Menschen aus der Erde *(adama'h)* geformt, und darum heißt er Adam (der aus der Erde Gewonnene). Aus der Erde ist unser Körper geformt, durch die Erde wird er ständig genährt und zur Erde kehrt er zurück. Die Erde ist der Leib des Menschen in erweiterter Form. Unsere Gedanken und Gefühle sind ständig im energetischen Feld der Erde gespeichert. Wir Menschen haben eine innige Verbundenheit mit der Erde. Alles, was wir als Nahrung zu uns nehmen, ist letztlich verwandelte Erde. Das Trinkwasser ist Lebenssaft der Erde. Die Bäume sind die ausgestreckten, ernährenden Hände der Mutter Erde. Unser Leib ist verwandelte Erde.

Die Erde kann als Leib Gottes bezeichnet werden. Durch die Erde erreicht uns die schützende und belebende Gegenwart des göttlichen Geistes in der Welt. Die Erde ist unser gemeinsames Erbe, aber auch unser Auftrag. Da die eine Erde alle Menschen ernährt, sollen die Güter der Erde allen Menschen gerecht zuteil werden. Wenn ein großer Teil der Menschheit ausgebeutet wird und infolge der Besitzgier anderer Menschen nicht genug Nahrung von der Erde erhält, wird die Würde der Erde verletzt und das Recht des Menschen missachtet. Wenn die Erde unter Produktionsdrang und Habsucht vergiftet und vergewaltigt wird, ist die Zukunft der Erde – und damit die der Menschheit – bedroht. Große Dankbarkeit und echtes Verantwortungsbewusstsein kennzeichnen eine erdverbundene Spiritualität.

Die Erde ist unsere Mutter;
wir sind ihre Kinder.

Ath. Veda 12,1,61

Meditation

Sitz: Ich sitze aufrecht und entspannt, wenn möglich auf dem Erdboden. Ich nehme den Kontakt mit dem Sitzhocker / Kissen, mit der Decke / Matte wahr.

Wahrnehmung: Langsam lenke ich die Aufmerksamkeit weiter nach unten, in die Erde. Wie ein kleines Kind auf dem Schoß der Mutter sitzt, so sitze ich auf der Erde und erspüre dankbar die tragende und belebende Kraft der Mutter Erde. Ich fühle mich in die tiefe Einheit zwischen meinem Leib und der Erde ein. Zugleich spüre ich die Verbundenheit mit allem, was aus der Erde entsteht: Menschen, Bäume, Tiere, Vögel, Berge und Flüsse ...

Übungswort: Innerlich erlebe ich: *Mein Leib ist Erde; Erde ist mein Leib!*

Verwurzelt sitzen

Um das Bewusstsein der Erdverbundenheit zu vertiefen, kann das Bild des Baumes ein Begleitbild sein. Der Meditierende sitzt wie ein Baum: still, aufrecht, fest, wach, achtsam und entspannt. Was wächst, macht keinen Lärm – dies ist die Grundbotschaft des Baumes. So ist der Baum ein Gestaltsymbol für den Meditierenden.

Der Baum ist ein Ursymbol des Menschen. Am Baum wird die zweifache Grundausrichtung der menschlichen Existenz deutlich erkennbar: das Verwurzeltsein und das Verbundensein. Aus dem Verwurzeltsein im Göttlichen wächst der Mensch zum Verbundensein mit allen Wesen. Diese zweifache Ausrichtung ist der Grundansatz der Meditation: Die Verwurzelung im göttlichen Seinsgrund zu vertiefen und das Verbundensein mit allen Wesen zu stärken.

Wenn wir zu einem Baum gehen und fragen, wie spät ist es, wird der Baum antworten: Es ist jetzt! Der Baum lebt immer in der Gegenwart. »Von Gegenwart zu Gegenwart wächst der Baum« (Saint-Exupéry).[2] Der Gegenwart ganz gegenwärtig sein – darum geht es in der Meditation. Unser Verstand treibt uns unvermeidlich in die Vergangenheit oder in die Zukunft; so gestalten wir unser Leben, so wird Natur zur Kultur erhoben. Aber unsere intuitive Wahrnehmungsfähigkeit *(buddhi)* ist immer in der Gegenwart. Darin entfaltet sich die geistige Kraft der Lebensgestaltung, der tiefe Sinn der Kultur. In der Meditation versuchen wir, zu diesem Bewusstseinsbereich vorzudringen. Darum ist es wichtig, wie ein Baum tief verwurzelt, innerlich wach, doch mit allem eng verbunden zu sitzen.

Baum ist ein Archetyp der ganzheitlichen geistigen Entfaltung des Menschen. Das Baumsymbol findet sich in den heiligen Schriften aller Religionen. Am Anfang der Bibel steht der Baum der Erkenntnis (Gen 2,9), und am Ende der Bibel steht der Baum des Lebens (Offb 22,14). Der Gerechte Israels wird mit einem Baum verglichen, der am Bach gepflanzt ist (Ps 1). In den Upanishaden wird der Weise mit einem aufrechten Baum verglichen (Tait. Up. 1,10). Im Buddhismus ist der Baum die Gestalt des Erleuchteten. Im Koran ist vom himmlischen Baum die Rede, dessen Öl die göttliche Lampe brennen lässt (24,35).

Sei still mein Herz,
diese Bäume sind Gebete.

Tagore[3]

Meditation

Sitz: Ich sitze aufrecht und entspannt, möglichst auf dem Erdboden. Langsam lenke ich die Aufmerksamkeit nach unten. Ich sitze in der Erde verankert und erspüre, wie von meinen Beinen und Füßen Wurzeln in die Erde wachsen.

Begleitbild: Mit jedem Ausatmen spüre ich das Hineinwachsen der Wurzeln nach unten in die Erde, und mit jedem Einatmen das Aufsteigen der Erdenkräfte nach oben in den Beckenraum. Langsam erlebe ich die entspannte und aufgerichtete Wirbelsäule als Baumstamm.

Übungswort: Ich verbleibe durchgehend bei der inneren Vorstellung: *Ich bin ein Baum, verwurzelt in der Erde und verbunden mit allen Lebewesen.*

Im Leib sein

Das geerdete und wie ein Baum verwurzelte Sitzen führt allmählich zur Stille. Die Stille der Meditation ist nicht einfach das Ausbleiben des Lärms oder der Zerstreuung, sondern eine leibbezogene Stille. Man erspürt deutlich die Stille des Leibes. Es geht hier nicht um den Körper, den man hat, sondern um den Leib, der man ist. Der Leib ist das Ganze der Gestimmtheiten und Gebärden, wodurch das Dasein des Menschen in der Welt zur Entfaltung kommt. Im Umgang mit den Menschen und den Dingen der Natur erkenne ich, dass ich leibhaftes Wesen bin und mich als solches verwirkliche.

Der Leib ist die Ursprache des Menschen, der vorrangige Ort der Selbstentfaltung. In unserem Leib erkennen wir unsere eigene Geschichte mit all ihren Licht- und Schattenseiten. Eine bewusste und liebevolle Annahme eigener Leiblichkeit bedeutet daher eine befreiende Selbstannahme, aber auch die respektvolle Annahme der anderen Menschen in ihrer Eigenart. Eine Grundursache vieler psychischer Störungen und körperlicher Krankheiten liegt darin, dass wir Menschen die eigene Leiblichkeit nicht bejahen und pflegen. Der Leib wird oft als Gegenstand betrachtet, auf Leistung und Genuss hin überfordert und als Konsumgut missbraucht. Dadurch geschieht eine tiefe Entfremdung, die sich in Krankheit, Sucht und Promiskuität ausdrückt.

Eine integrierte und integrierende Erfahrung der eigenen Leiblichkeit kann entstehen, wenn wir unseren Leib bewusst wahrnehmen. Es gibt grundsätzlich drei Bereiche der Leiblichkeit: den Denkbereich, den Gefühlsbereich und den Vitalbereich. Anatomisch gesehen sind sie Kopfraum, Herzensraum und Bauchraum. Beim aufrechten und entspannten Sitzen sind diese drei Bereiche in einer vertikalen Ausrichtung in Harmonie gebracht. Auf dem Weg zur meditativen Leibwahrnehmung ist es wichtig, mit dem Bauchraum anzufangen. In den eigenen Bauch eintreten, bedeutet einen Abstieg in den eigenen Keller des Lebens. Man kommt dadurch in Kontakt mit den Phasen der Vorgeburtszeit und der frühen Kindheit, aber auch mit dem Urmütterlichen in sich selbst. Es könnte eine zum Teil bedrückende, aber auch beglückende und letztlich befreiende Leiberfahrung sein. Für den geistigen Prozess ist dieser Schritt enorm wichtig.

Der Leib ist zum Bewusstsein
erwachte Erde.

Chand. Up. 3,12,3

Meditation

Sitz: Ich sitze aufrecht und entspannt, möglichst auf dem Erdboden.

Leib: Vom Verwurzeltsein in der Erde komme ich zur Wahrnehmung meines Leibes, zunächst zur Leibmitte. Ich spüre in meinen eigenen Bauch hinein und erspüre voller Achtsamkeit alle Organe, die im Vitalbereich vorhanden sind: das Verdauungssystem, die generativen Teile, die Ausscheidungsorgane und alle wichtigen Hormondrüsen.

Wahrnehmung: Achtsam und liebevoll bleibe ich ganz in meiner Leibmitte und nehme die Gefühlsreaktionen und Gemütsbewegungen wahr. Ich lasse die mit den frühen Phasen meines Lebens verbundenen Empfindungen zu. Dadurch erlebe ich eine innere Läuterung, aber auch eine tiefere Verwurzelung in meiner Leiblichkeit.

Übungswort: Ich sitze mit der inneren Einstellung: *Mein Leib ist ein heiliger Ort.*

Den Leib durchspüren

Der Leib ist eine sakrale Wirklichkeit. Der Leib ist der erste Ort der Gotteserfahrung. Die Grundlage des christlichen Glaubens besteht in der Erfahrung: »Das Wort ist Fleisch geworden« (Joh1,14). Durch den Leib ist Gott zu uns gekommen; darum sollen wir durch den Leib zu Gott gelangen. Im Leib hat die heilende Nähe Gottes unter uns Gestalt angenommen; so ist der Leib der primäre Ort der Gott-Mensch-Begegnung geworden. Der Leib ist ein Ursakrament. Bevor wir versuchen, in den Riten und Symbolen, in der Heiligen Schrift und in der Natur Gott zu erfahren, dürfen wir zunächst in unserem Leib Gottes Gegenwart wahrnehmen. Darum bezeichnete Paulus den Leib als den »Tempel des göttlichen Geistes« (1 Kor 6,19). Die Bhagavad Gita beschreibt den Leib als »Gefäß des göttlichen Geistes« (13,2–3).

Jesus hat die erhellende Gegenwart des Göttlichen in seinem Leib erfahren und er wollte uns diese Erfahrung vermitteln. »Wenn dein ganzer Leib vom (göttlichen) Licht erfüllt ist, und nichts Finsteres in ihm ist, dann wird er so hell sein, wie wenn die Lampe dich mit ihrem Schein beleuchtet« (Lk 11,36). So hat Jesus sich als Licht erfahren und uns den Auftrag gegeben, Licht der Welt zu werden. Auch Buddha erfuhr diesen Durchbruch des inneren Lichtes in seinem Leib, und so konnte er den anderen den Weg zum Licht zeigen. Letztlich geht es darum, dass der eigene Leib transparent wird für die verwandelnde Gegenwart des göttlichen Geistes in uns.

Wenn wir im Prozess der geistigen Versenkung den Leib als sakralen Ort der Gottesgegenwart erleben, werden wir fähig, den eigenen Leib, so wie er ist, anzunehmen. Wir lernen uns ganz anzunehmen und unsere Biografie mit ihrem Umfeld zu bejahen. Viele Verspannungen lösen sich, Blockaden werden beseitigt. Der ganze Leib wird als auf den Geist hin durchlässig erfahren. Eine leibhafte und ganzheitliche Selbstannahme im Verwandlungsgeschehen des göttlichen Geistes ist ein Grundelement der geistigen Versenkung.

Erkennt, dass euer Leib
Tempel des Geistes Gottes ist;
verherrlicht Gott in eurem Leib.

1 Kor 6,19–20

Meditation

Sitz: Ich sitze aufrecht und entspannt, möglichst auf dem Erdboden.

Leib: Nach der Verwurzelung in der Erde und dem Verweilen im Bauchraum spüre ich langsam vom Bauch aus nach unten durch die beiden Beine bis zu den Füßen. Ich komme langsam zur Leibmitte zurück und spüre dann nach oben über die Schultern durch die Arme hindurch bis zu den Händen. Und schließlich spüre ich sanft in den Kopfbereich und komme ganz zur Leibmitte.

Wahrnehmung: Ich erspüre alle Teile meines Leibes achtsam und liebevoll in der lebendigen Gegenwart Gottes. Eigentlich ist diese Wanderung durch den Leib eine Art innere Pilgerreise: Wenn mein Leib der Tempel des Geistes Gottes ist, mache ich eine Pilgerreise durch diesen sakralen Raum.

Übungswort: Während der ganzen Übung bleibe ich in der Überzeugung: *Mein Leib ist der Tempel des göttlichen Geistes.*

Der Atem

Die leibhafte Stille wird durch Atemübung vertieft. Durch das Bewusstwerden des Atemvorganges geschieht ein zweifaches Umschalten:

1. Von der Leibwahrnehmung zur inneren Sammlung. Der Atem ist sowohl die leibfüllende, kosmische Lebenskraft als auch der subtile Energiestrom, der das Bewusstsein verändert. So erlebt man am Atem den Übergang vom Materiellen zum Geistigen. Eine die Wirbelsäule entlang auf- und abwärts fließende Atemkraft aktiviert die geistigen Energiezentren *(Chakras)*.

2. Vom leistungsbezogenen Ich-Gefühl zum tieferen Selbst-Bewusstsein. Nicht ich atme, es atmet in mir – dies ist die Grunderfahrung beim Atmen. So wird das Subjekt-Bewusstsein von Ichhaftigkeit befreit und auf den göttlichen Geist hin geöffnet: Gottes Atem atmet in mir.

Atmen können ist eine Gnade, ein sakrales Geschehen. Im bewussten Atmen sitzt der Übende wie ein aufrechter Baum oder ein sprudelnder Springbrunnen im Einklang mit dem Kosmos. Bei jedem Atemzug ist es wichtig, ohne Zwang oder Druck ein- und auszuatmen: sanft, tief, entspannt und bewusst.

1. Ich atme dankbar ein und mit Vertrauen aus.

2. Bei jedem Ausatmen spüre ich die den ganzen Leib durchströmende Atemkraft.

3. Bei jedem Atemzug erlebe ich den die Wirbelsäule entlang aufwärts und abwärts fließenden Strom der Atemkraft.

4. Bei jedem Ausatmen spüre ich, wie die Atemkraft von der Wirbelsäule aus in die Füße und Hände fließt.

5. Ich sitze wie ein Springbrunnen und erlebe, wie die Atemkraft über meinen Leib hinaus ausströmt.

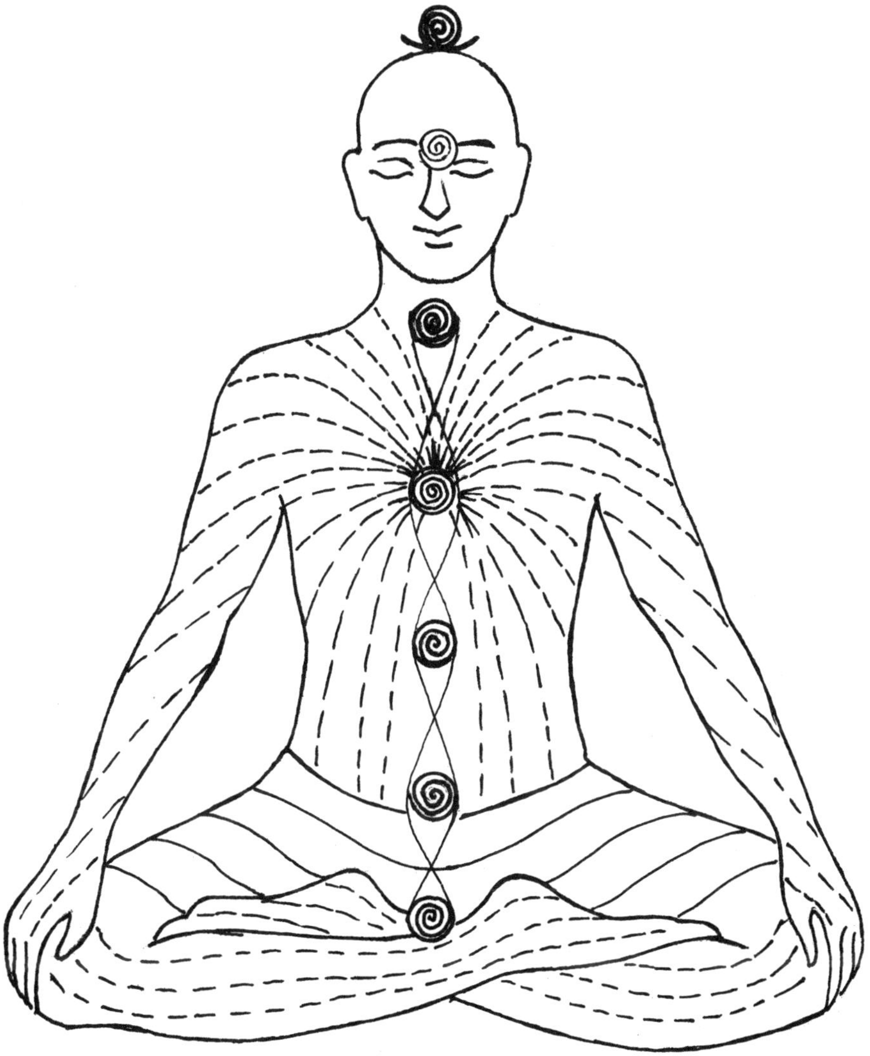

Den Atem wahrnehmen

Wenn beim innerlich gesammelten Sitzen der Leib zur Stille kommt, wird uns der Atemvorgang bewusst. Der Atem ist die Lebenskraft, die alle Lebewesen durchströmt, die raumfüllende und alles durchdringende Lebensenergie im Kosmos. Sie fließt in uns herein und fließt durch uns hindurch. Wir befinden uns in diesem kosmischen Lebensstrom. Wie ein Fisch im Meer leben wir, bewegen wir uns und sind wir im Meer des Atems.

Ein- und ausatmen können ist keine Selbstverständlichkeit. Jedes Mal, wenn wir ausatmen, sterben wir, denn jedes Ausatmen ist eine Vorerfahrung des allerletzten Ausatmens, das zu jeder Zeit auftreten kann. Und jedes Mal, wenn wir einatmen, werden wir neugeboren, denn die Lebenskraft erneuert unser Leben. Darum dürfen wir mit Dankbarkeit einatmen und mit Vertrauen ausatmen. Wer mit echtem Vertrauen ausatmet, überwindet Angst.

Der Atem ist ein Spiegel der Psyche: Wie du atmest, so bist du! Wenn wir innerlich unruhig sind, schnappen wir nach Luft; wenn wir entspannter sind, atmen wir ruhig, gleichmäßig und tief. So soll es umgekehrt möglich sein, durch bewusstes und entspanntes Atmen den inneren Wahrnehmungsvorgang positiv zu beeinflussen. Darum wird die Atembeherrschung häufig als eine wichtige Stufe der meditativen Versenkung empfohlen. Wer bewusst und ruhig ausatmet, kommt zur Ruhe.

Wenn ich die Aufmerksamkeit auf den Atem lenke, erkenne ich, dass eigentlich nicht ich selbst ein- und ausatme. Ich bin nicht das eigentliche Subjekt des Atmens, da es nicht in meiner Freiheit liegt. Es atmet in mir. Ich kann nur in Dankbarkeit und Vertrauen wahrnehmen, wie der Atem durch mich hindurchfließt. Wenn wir unsere Aufmerksamkeit dem Atemvorgang schenken, erleben wir eine innere Freiheit: Befreiung vom leistungsbetonten Ich. Langsam ahnen wir, dass es tiefere Bewusstseinsbereiche gibt. Auf dem inneren Weg vom kleinen Ich zum großen Selbst ist dies ein wichtiger Schritt. Dabei geschieht ein Umschalten vom Haben zum Sein, vom Wollen zum Geschehenlassen. Der Meditierende sitzt mit einer inneren Gelassenheit, aber in tiefer Verbundenheit mit allen Lebewesen.

Der Verstand und alle Sinne sind
im Atem gesponnen.

Chand. Up. 2,11,1

Meditation

Sitz: Ich sitze aufrecht und entspannt.

Atem: Nach der Leibwahrnehmung lenke ich die Aufmerksamkeit auf den Atem. Ich atme entspannt und bewusst ein und aus, ohne den Atemrhythmus zu verändern. Gelegentlich atme ich tiefer ein und länger aus. In Dankbarkeit lasse ich den Atem einströmen und mit Vertrauen lasse ich mich imAusatmen los. Ich empfinde eine tiefe Verbundenheit mit allen Lebewesen.

Übungswort: Zählen (z.B. beim Einatmen 1, 2 und beim Ausatmen 1, 2, 3, 4) könnte eine Hilfe sein. Aber ich bleibe durchgehend in der inneren Einstellung: *Nicht ich atme, es atmet in mir.*

Den Atemstrom spüren

Es atmet in mir! Was ist dieses Es? Wer atmet? Die Weisen Israels und die Seher des Ostens haben diese Frage gestellt. In beiden geistigen Hemisphären haben sie die gleiche Antwort erhalten: Gottes Atem atmet in und durch uns. Was im Atemstrom durch uns fließt, ist eigentlich Gottes Hauch, Gottes Atem, Gottes Geist. Das Wort für Gottes Geist bedeutet in vielen alten Sprachen ursprünglich Atem: *ruaḇ* (Hebräisch), *pneuma* (Griechisch), *spiritus* (Lateinisch), *ātman* (Sanskrit), *avi* (Tamil) und *chi* (Chinesisch).

Im biblischen Schöpfungsmythos heißt es: »Gott formte den ersten Menschen aus der Erde und blies in seine Nase den Lebensatem« (Gen 2,7). Der Ausatem des Schöpfers ist der Einatem des Geschöpfs. Nach diesem ersten Ausatmen hat sich der Schöpfer nicht zurückgezogen, sondern wie Wasser aus einer verborgenen Bergquelle fließt die Lebenskraft des Atems kontinuierlich aus dem göttlichen Ursprung in die Schöpfung. Alle Lebewesen sind vom Atem Gottes beatmet und dadurch belebt. Darum heißt es: »Wenn Gott seinen Atem zu sich holen würde, müssten alle Lebewesen zusammen sterben; der Mensch wird zum Staube zurückkehren« (Ijob 34,14–15; Ps 104,29). Der Atem ist eigentlich nicht unser Eigentum, denn »Gott verleiht dem Menschen den Atem« (Jes 42,5; Ijob 27,3 und 33,4) und daher »ist dem Menschen der Atem nur geliehen« (Weish 15,16). Paulus sagt deutlich: »Gott gibt allen das Leben und den Atem« (Apg 17,25). Wenn Jesus Gott in seiner aramäischen Muttersprache mit *abba* (Vater) anredet, so vermittelt das den ursprünglichen Sinn: Der, der gebärend uns beatmet.[4] Jesus hat Gott als die Lebensquelle in seinem Seinsgrund erfahren (Joh 5,26).

In der östlichen Hemisphäre erlebten die Weisen den Atem als göttliche Energie. »Alles hat seinen Ursprung im Atem Gottes« (Ath. Veda 4,16,1). Alles wird vom Atem Gottes *(prānah)* belebt und daher erfährt der Mensch Gott »als den aus ihm und durch ihn Atmenden« (Kena. Up. 1,9). Darum lautet ein Gebet: »Oh, Atem des Lebens, ich verschmelze mit dir beim Ein- und Ausatmen. Wie ein Lebenskeim im Wasser, so umgebe und binde ich dich in mir, damit ich lebe« (Ath. Veda 11,4,26). Im alten China wird die Chi-Energie des Atems als Lebens- und Heilskraft erfahren.

Gottes Atem atmet in mir.

Ijob 33,4

Meditation

Sitz: Ich sitze aufrecht und entspannt.

Atem: Ich erspüre den ganzen Leib und den Atemvorgang. Beim Einatmen nehme ich den Strom der Atemkraft dankbar auf. Beim Ausatmen erlebe ich das Fließen dieser Lebenskraft in die Füße und in die Hände. So atme ich abwechselnd in die Füße und in die Hände aus. Dabei begleitet mein Bewusstsein den belebenden Strom des Atems im ganzen Leib.

Wahrnehmung: Langsam wird der ganze Leib als ein vom Atem belebtes Wesen erfahren, als vom göttlichen Atem beatmeter Raum des Geistes.

Übungswort: Mit jedem Atemzug bleibe ich mir bewusst: *Gottes Atem atmet in mir.*

Die Kraftzentren erspüren

Wenn wir uns als von Gottes Geist beatmetes Wesen erleben, kommen wir zu einer intensiven leibhaften Stille. Wir erspüren die Wirbelsäule als den Hauptkanal der Atemkraft. Die Lebensenergie des Atems fließt die Wirbelsäule entlang aufwärts und abwärts. In diesem Lebensprozess öffnen sich allmählich die Kraftzentren entlang der Wirbelsäule. Im Osten spricht man von den sieben Kraftzentren *(Chakras)*, durch welche die Lebensenergie spiralartig aufsteigt, die inneren Kräfte ausbalanciert und den einzelnen Menschen mit dem gesamten Kosmos in Einklang setzt.

Kraftzentrum	**Wirkung**	**Kosmisches Energiebündel**
7. Scheitelchakra	transzendierend	die unmanifeste Stille
6. Stirnchakra	erkennend	der manifestierende Laut
5. Halschakra	vermittelnd	Raum
4. Herzchakra	öffnend	Luft
3. Bauchchakra	gestaltend	Feuer
2. Genitalchakra	reinigend	Wasser
1. Wurzelchakra	stabilisierend	Erde

Es geht in der Yoga-Lehre der *Chakras* nicht um eine physiologische Anatomie des Körpers, den man *hat*, sondern um eine mystische Wahrnehmung des heilenden Energiefeldes des Leibes, der man *ist*. In der Übung darf man diese Wahrnehmung nicht erzwingen und die *Chakras* gewaltsam öffnen. Man darf nur in einer rezeptiven Haltung sitzen und das Strömen des Atems durch die *Chakras* sanft wahrnehmen.

In großer, aber gelassener Aufmerksamkeit den Strom des Atems wahrnehmend, kann der Meditierende diese *Chakras* nach und nach erspüren lernen und so das Bewusstsein auf die Transzendenz hin öffnen. Dadurch entsteht eine tiefe Erfahrung der Leib-Seele-Einheit, ein ganzheitliches Erwachen des Geistes, eine Harmonie mit allem. Kraft der Gnade kann man empfinden, dass sich die göttliche Quelle des Lebens in der Leibmitte öffnet. »Wer von mir trinkt, aus seinem Inneren werden Ströme von lebendigem Wasser hervorsprudeln« (Joh 7,38).

Dein Leib wird ganz voll Licht sein, wie
wenn die Lampe
dich mit ihrem Schein beleuchtet.

Lk 11,36

Meditation

Sitz: Ich sitze aufrecht und entspannt, möglichst auf dem Erdboden.

Leib: Nachdem ich den Strom des Atems im ganzen Leib erspürt habe, richte ich die Aufmerksamkeit bewusst auf die Wirbelsäule.

Atem: Bei jedem Einatmen spüre ich den die Wirbelsäule entlang aufsteigenden Atemstrom und bei jedem Ausatmen den absteigenden Atemstrom. In aller Gelassenheit erlebe ich, wie die *Chakras* beatmet und aktiviert werden. Es ist auch möglich, von unten angefangen in jedes *Chakra* nach und nach sanft auszuatmen. In die zwei obersten *Chakras* darf nur in einer späteren Phase ausgeatmet werden.

Übungswort: Mit jedem Atemzug bleibe ich mir bewusst: *Gottes Atem atmet in mir.*

Den Leib beatmen

Der Atemstrom fließt nicht bloß die Wirbelsäule entlang auf- und abwärts. Von der Wirbelsäule aus wird die Leben spendende Kraft des Atems in den ganzen Leib verteilt. Von ihr aus entfalten sich die subtilen Atemkanäle, durch welche die Atemkraft jede Zelle erreicht und belebt. In der indischen Tradition bezeichnet man sie als *Nadis*, und in der chinesischen Heilskunde wird vom Meridiansystem gesprochen. Es geht hier nicht bloß um den biologischen Prozess der Blutreinigung durch Sauerstoffversorgung, sondern weit mehr um die ganzheitliche Energisierung des Leibes. Der Leib ist keine statische, sondern eine dynamische Ganzheit, ein fließendes Wesen, ähnlich einem Springbrunnen. Mit jedem Atemzug wird der Leib erneuert. Durch jeden Atemzug werden wir neu geboren. Die raumfüllende kosmische Lebenskraft fließt in unseren Leib herein als Atemkraft, belebt jede Zelle und stärkt alle Organe des Leibes.

Diesem Belebungsvorgang bewusst nachzuspüren, trägt sehr zur inneren Sammlung bei. Wenn der ständig geschehende Atemvorgang vom Bewusstsein begleitet wird, ist die Energisierung intensiver und die leibhafte Stille dichter. Nach der Einsicht der upanishadischen Meister ist der Erkenntnisvorgang vom Atem gesteuert (Chand. Up. 4,3,3). Durch die bewusste und den ganzen Leib einbeziehende Atmung gelangt das Bewusstsein von der gegenständlichen Denkart zu einer intuitiven Wahrnehmung: Nicht ich atme, es atmet in mir. Das Denken *(manah)* spaltet auf, die Intuition *(buddhi)* führt zur Einheit. Wenn der Atem als Atem Gottes erkannt wird, erleben wir den Atemstrom als eine durch den Leib fließende göttliche Heilsenergie. Die tief in uns vorhandenen Heilsquellen öffnen sich und haben Auswirkungen im leiblichen, psychischen und geistigen Bereich. Darum hat eine disziplinierte Atemübung *(pranayama)* therapeutische Effekte auf den ganzen Menschen.

Der Atem ist die Tür des Herzens
zum Göttlichen.

Chand. Up. 3,13,1

Meditation

Sitz: Ich sitze aufrecht und entspannt, möglichst auf dem Erdboden.

Leib: Ich erspüre den ganzen Leib. Langsam richte ich die Aufmerksamkeit auf den Atem, der die Wirbelsäule entlang auf- und abfließt.

Atem: Beim Einatmen spüre ich den die Wirbelsäule entlang aufsteigenden Atemstrom und beim Ausatmen den absteigenden Strom. Wenn der Atemstrom entspannt und bewusst entlang der Wirbelsäule zum Fließen gekommen ist, stelle ich mir vor, dass ich wie ein Springbrunnen dasitze.

Wahrnehmung: Beim Einatmen lasse ich den Atemstrom die Wirbelsäule entlang als Lebenskraft von unten her aufwärts fließen und beim Ausatmen lasse ich ihn als Liebeskraft vom Herzzentrum aus in die Hände und Füße einfließen.

Übungswort: Die ganze Zeit bleibe ich innerlich aufmerksam bei dem Wort: *Gottes Atem atmet in mir.*

Im Einklang mit dem Ganzen

Der Atem belebt uns als Einzelnen und verbindet uns mit allen Lebewesen. In dem einen einzigen kosmischen Atemstrom sind wir Menschen miteinander verbunden, und als Menschen auch mit allen anderen Wesen. Auch die Erde und Gestirne nehmen an dem Atemstrom in eigener Weise teil. Der Atem bringt den Einzelnen in Einklang mit dem Ganzen. Am Atem erkennen wir, dass wir Teile eines werdenden Ganzen sind. Kein Mensch, kein Lebewesen, ist eine in sich geschlossene, inselhafte Wirklichkeit. Alles ist mit allem eng verbunden. Jeder atmet mit allen und durch alle den Atem Gottes. Aufmerksamkeit auf den Atem verleiht uns ein enormes Zusammengehörigkeitsgefühl. Wer sich dem geistigen Prozess hingibt, nimmt bewusst Anteil an dem Werdegang des Ganzen. Wir machen die innere geistige Pilgerreise in tiefer Verbundenheit mit allen Wesen.

Im Menschen ist die Evolution des Bewusstseins zu einer fortgeschrittenen Stufe gelangt. Die in der Materie verborgene geistige Kraft wird im Menschen zu einer höheren Entfaltung erhoben. Das menschliche Bewusstsein ist an die Materie gebunden. Gleichzeitig ist es jedoch auch von der Materie befreit und auf das Unendliche hin offen. Das menschliche Leben entfaltet sich auf dem Nährboden der Natur, aber der menschliche Geist gestaltet die Kultur. Der Mensch ist in der Erde verankert und zugleich zum Himmel hin offen. Diese zweifache Ausrichtung des Menschen ist am Atem erkennbar. Durch den Atem geschieht eine Vereinigung zwischen der Erdenkraft, die von unten aufsteigt, und der Himmelsenergie, die von oben herunterfließt. Es ist die kosmische Vermählung zwischen dem weiblichen und dem männlichen Prinzip des Lebens, zwischen *Yin* und *Yang*, zwischen *Śakti* und *Śiva*. Diese Verwandlung geschieht in allen Wesen, die atmen. Im Menschen aber wird sie mit dem geistigen Bewusstsein verbunden. Diesen Vorgang erspüren wir deutlich an der Wirbelsäule. In der Meditation versuchen wir, dieses Bewusstsein zu vertiefen und so mit allem in Einklang zu kommen.

Gott gibt allem Leben und Atem;
in ihm leben wir,
bewegen wir uns und sind wir.

Apg 17,25–28

Meditation

Sitz: Ich sitze aufrecht und entspannt, möglichst auf dem Erdboden.

Atem: Langsam richte ich die Aufmerksamkeit auf den Atem, der die Wirbelsäule entlang aufwärts und abwärts fließt. Beim Einatmen lasse ich den Atemstrom die Wirbelsäule entlang als Lebenskraft von unten aufwärts fließen und beim Ausatmen lasse ich ihn als Liebeskraft vom Herzzentrum aus in die Hände und Füße einfließen. Weiter spüre ich, wie der Lebensstrom über den Leib hinaus nach außen dringt.

Wahrnehmung: Ich erlebe mich wie einen Springbrunnen und spüre die Wirbelsäule wie den Wasserstrahl. Den Leib empfinde ich als das durchlässige Medium des kosmischen Atemstroms. Von den Erdenquellen her atme ich aufwärts ein, von den Himmelshöhen her atme ich abwärts aus. Ich befinde mich in dem raumfüllenden göttlichen Energiestrom.

Übungswort: Die ganze Zeit bleibe ich innerlich aufmerksam bei dem Wort: *In ihm leben wir, bewegen wir uns und sind wir.*

Das Wort

Mit der Leib- und Atemwahrnehmung kommt der Mentalbereich allmählich zur Ruhe. Aber die Schichten des Unterbewusstseins melden sich mit den Schatten und Blockaden. Um sie einigermaßen zu bewältigen, wird empfohlen, heilsame Schwingungen in die tieferen Schichten des Innenbereiches zu schicken. Dafür geeignet sind:

1. die Wiederholung eines Schlüsselwortes,
2. das Namensgebet,
3. das Summen des Mantras OM.

Dadurch geschieht ein inneres Umschalten von der vergegenständlichenden Denkart zum verinnerlichten Intuitionsvorgang, vom Verstand zur *buddhi.*

Allmählich gelangt der Übende in die innere Kammer, von der Namen und Formen, Begriffe und Bilder zurückbleiben. Hier wird die Gegenwart des Göttlichen als reine Präsenz wahrgenommen: der Gegenwart ganz gegenwärtig zu sein. Man kann diese Erfahrung nicht erzwingen, sondern sich dafür nur öffnen, denn sie ist eine Gnade. Daher wäre es gut, mit dem Namen Gottes und dem OM länger zu üben, bis das Bewusstsein durchlässig wird für die mystische Erfahrung.

1. In jedes Ausatmen nehme ich ein Schlüsselwort mit hinein, dessen Gehalt die leibhafte Stille vertieft.
2. In vertrauensvoller Hingabe wiederhole ich bei jedem Atemzug den Namen Jesu.
3. In Achtsamkeit wiederhole ich mit jedem Ausatmen das Mantra OM.
4. In tiefer Barmherzigkeit spüre ich, wie die Schwingung des OM über meinen Leib hinaus vibriert und mich in Einklang mit allen Wesen bringt.
5. Ich lausche in die leere Stille und bleibe der Gegenwart des Geistes ganz gegenwärtig.

Das Schlüsselwort

Ein Grundproblem, das wir im Meditationsprozess aushalten müssen, ist die Zerstreuung. Alle möglichen Gedanken stürmen auf uns ein und stören uns auf dem inneren Weg zur Stille. Wir sind oft von der inneren Sammlung weggerissen. Es gibt manche Gedanken, die aus unserem konkreten Lebensumfeld entstehen und eine gewisse Zuwendung benötigen. Wir sollten uns am Anfang jeder Meditation ein paar Minuten Zeit zu nehmen, um solchen Problemen liebevoll etwas Aufmerksamkeit zu schenken, damit sie uns in der Stille nicht überraschen. Aber wir sollen damit rechnen, dass sich auch viele andere Gedanken, die eigentlich unwichtig sind, gerade auf dem Weg der Meditation aufdrängen. Es hat keinen Sinn, mit solchen Störungen zu kämpfen oder über diesen Zustand traurig zu sein. Wichtig ist, dass der Meditierende sich trotz allem ruhig verhält und die innere Stille und Sammlung beibehält. Wie der Zen-Meister sagt, soll man solche Störungen als Wolken betrachten, die an einem festen Berg vorbeiziehen und gelegentlich einige Regentropfen fallen lassen; der Berg steht ungestört. Die innere Freiheit ist das Entscheidende im Versenkungsvorgang.

Um innerlich gesammelt zu bleiben, wird empfohlen, ein Wort aufzunehmen, das die Gedanken bündeln und das Bewusstsein vertiefen kann. Es sollte ein ein- oder zweisilbiges Wort sein, das man leicht in einem Atemzug wiederholen kann. Dieses Schlüsselwort soll von innen her entstehen und mit seinem spirituellen Gehalt einen deutlichen Impuls geben. Es geht nicht darum, dass man über den Sinn des Wortes nachdenkt, sondern darum, dass das Wort die Stille dichter macht. Die ständige Wiederholung des Wortes regt den Verstand nicht an. Es wäre gut, wenn das Wort eine gewisse Melodie hat, damit sein Klang den Leib zur Schwingung bringt.

Wähle dir ein kurzes Wort
und nimm es tief
in dich hinein.

Wolke des Nichtwissens,
Abschnitt 4[5]

Meditation

Sitz: Ich sitze aufrecht und entspannt.

Atem: Nach der Leibwahrnehmung nehme ich die beim Einatmen die Wirbelsäule entlang aufsteigende Atemkraft wahr, beim Ausatmen lasse ich den Strom vom Herzzentrum aus in den Leib einfließen.

Übungswort: Mit jedem Ausatmen spreche ich innerlich das Wort, das in mir als Schlüsselwort auftaucht: wie z. B. Liebe oder Friede *(Shalom, Salaam, Sānti)* oder Güte. Das Wort wird mit einer inneren Melodie in den gesamten Ausatem hinein verlängert. (Manche ziehen es vor, das Wort nach den zwei Silben zu trennen und entsprechend mit dem Ein- und Ausatmen innerlich zu sprechen.)

Wahrnehmung: Ich spüre den Atemstrom als das Fließen der Energie der Liebe, des Friedens oder der Güte in den Leib. So wird die leibhafte Stille vertieft und gleichzeitig mit geistigem Gehalt erfüllt. Kraft dieses fließenden Wortes treten die störenden Gedanken weithin zurück. Allmählich gelange ich in die innere Kammer der göttlichen Stille, wo ich ungestört verweilen kann.

Das Namensgebet

Wer nach innen geht, durchschreitet den Dschungel des Unterbewusstseins. Darin fühlen wir uns oft verlassen und vereinsamt, aufgewühlt oder verwirrt. Das bedrückende Gefühl steigt hoch, dass wir eine lange Nacht durchmachen. Wir sind mit dem Schatten unserer Psyche konfrontiert. Jeder Schritt nach innen ist mit Angst verbunden. Sinke ich ins Bodenlose?, fragt man sich.

Der Meditierende macht eine schmerzhafte Phase durch mit dem Empfinden, dass Gott sich ihm entzieht. Allein kommt er keinen Schritt weiter. In solchen Momenten wird empfohlen, mit großem Vertrauen den Namen Gottes zu wiederholen, den Namen, in dem der Meditierende die heilende Gegenwart Gottes erfährt. Diese Praxis des Namensgebetes gibt es in allen Religionen. Die Hindus z.B. verwenden das Mantra *Om nama Śivāya* (ich verehre Siva); die Buddhisten sprechen die Formel *Buddham saranam gacchāmi* (ich nehme Zuflucht zu Buddha); die Muslime beten mit den 99 Namen Allahs. Oft wird der heilige Name anhand einer Gebetskette andachtsvoll wiederholt. Der Name Gottes ist mit göttlicher Energie beladen, und seine Wiederholung erzeugt heilsame Schwingungen bis in den inneren Bereich der Psyche. Sie verleiht dem Meditierenden Geborgenheit und Orientierung.

Uns Christen vermittelt der Name Jesus Christus die heilende Gegenwart Gottes. Jesus ist uns auf dem Weg unserer Nacht vorangegangen und hat uns durch sein Mitleiden und seine Hingabe den Heilsweg eröffnet (Hebr 5,8). Darum ist er für uns der göttliche Meister und Wegweiser, Brunnen der Heilsquelle und Aufgang des göttlichen Lichtes. In seinem Licht wandern wir ins Licht. In der achtsamen Wiederholung des Namens Jesus begegnet er uns heute nicht als geschichtliche Person von außen, sondern als der Heiland von innen her, aus den tiefen, lichtvollen, göttlichen Schichten des Seins. Er führt uns von den dunklen Wegen zum Licht, von der Vereinsamung zur Vereinigung mit Gott *(Hesychia)*, wenn wir uns mit Vertrauen auf ihn einlassen. Christus ist Gott mit uns in der Gegenwart.

Verweile in der achtsamen Wiederholung
des Namens Jesu Christi,
damit das Herz den Herrn verinnerlicht,
und der Herr das Herz einnimmt:
die beiden werden eins.

Johannes Chrysostomus, PG. 60,755[6]

Meditation

Sitz: Ich sitze aufrecht und entspannt.

Wahrnehmung: Durch den Atem komme ich zu einer leibhaften Stille. Darin schaue ich die Schatten in den tieferen Schichten meines Bewusstseins an. Ich nehme meine innere Vereinsamung und Not wahr, das Unbehagen, die Blockaden zu überwinden, und die Unfähigkeit zur Verzeihung, zur Versöhnung. Ich stelle mir vor, dass ich einen nächtlichen Weg durchwandere.

Übungswort: Mit großer Hingabe wiederhole ich mit jedem Atemzug den Namen *Jesus*. Entweder wiederhole ich mit dem Ausatmen den Namen *Jesus* oder mit dem Einatmen *Je-* und mit dem Ausatmen *-sus (-sum)*. Man könnte die Formel auch verlängern wie: *Om namō Christāya* (ich gebe mich an Christus hin), oder *Jesus Christus, erbarme dich meiner*. Mit dem Hineinfließen des Atemstroms in den Leib wiederhole ich den Namen, damit die Kraft des Namens im ganzen Leib zur Schwingung kommt. Es ist hilfreich, die linke Hand behutsam an das Herzzentrum zu legen und die rechte Hand geöffnet zu halten.

Das Mantra OM

Auf dem inneren Weg der Verwandlung verändert sich die vergegenständlichende Denkart zu einer *verinständlichenden* Wahrnehmung. Bilder und Begriffe treten zurück; eine innere Lichtsphäre kann sich entfalten. Die Mystiker sprechen vom inneren Licht, das erstrahlt, vom inneren Auge, das geöffnet wird. Wir können diesen Zustand nicht erzwingen, sondern uns nur dafür öffnen. Für diese empfangende Haltung empfehlen die östlichen Meister die Wiederholung eines Mantras.

Ein Mantra ist kein Wort, das einen Sinn im Denken wachruft, sondern ein Laut, der eine innere Harmonie herstellt. Durch die meditative Wiederholung des Mantra entstehen heilsame Schwingungen in den tieferen Bereichen des Bewusstseins. Normalerweise erhält der Schüler ein Mantra persönlich von einem erfahrenen Meister. Von allen Mantren aber ist das Urmantra der Laut OM. Es entfaltet sich aus der Zusammenstellung von drei Lautelementen: A, U und M. A ist der allererste Laut, U ist der mittlere und M der letzte Laut beim Summen. Daher bezeichnen sie den Anfang, die Mitte und das Ende von allem. Zusammen bilden sie eine dynamische Einheit im Laut AUM: ausgesprochen als OM. Daher wird OM zum Lautsymbol für das alles Durchdringende, alles Umfassende, das Ganze – für das Göttliche (Prasna Up. 5,5).

Durch eine meditative Wiederholung des OM kommt der Meditierende in Einklang mit der göttlichen Schwingung in den tiefen Schichten des Bewusstseins. Er spürt die Versenkung vom Wachbewusstsein (A) durch das Unterbewusstsein hindurch (U) ins mystische Bewusstsein (M), die Verwandlung von der vergegenständlichten Reflektionsart zur verinnerlichten Intuition. Hier wird das Göttliche über das personale Du hinaus als transpersonales Selbst erfahren, als Seinsgrund, aus dem alles entsteht, als Geist, der alles durchdringt und belebt, als das letzte Subjekt des Seins. Der Gottesname ruft eine intensive Ich-Du-Beziehung hervor; das Mantra OM aber führt zu einer tiefen Einheitserfahrung. In der christlichen Glaubenserfahrung bedeutet dies: Durch den Sohn geht die Seele in die inner-trinitarische Lebenseinheit ein. Der Gott, zu dem wir in Worten zu beten versuchen, ist eigentlich der Geist, der durch uns wortlos »seufzt« (Röm 8,26). Mit dem Mantra OM schwingt sich der Meditierende in den seufzenden Geist ein.

Versinke in den Geist
mit dem Mantra
OM.

Mand. Up. 2,2–6

Meditation

Sitz: Ich sitze aufrecht und entspannt.

Atem: In der leibhaften Stille erspüre ich mit jedem Atemzug den die Wirbelsäule entlang aufwärts und abwärts fließenden Lebensstrom.

Übungswort: Mit jedem Ausatmen spreche ich langsam OM in das Hineinfließen des Lebensstromes in die Füße und in die Hände. So wird mit jedem in den Leib einfließenden Atemstrom OM meditativ wiederholt, zunächst laut und dann leiser bis zum Ausklingen in die leibhafte Stille.

Wahrnehmung: Ich verweile in dieser Stille ohne Begriffe und Bilder. Ich nehme den Geist wahr, der aus der göttlichen Mitte meines Seins zu wortlosem Seufzen kommt.

Der kosmische Klang

Das Mantra OM bringt nicht nur eine innere Harmonie hervor, sondern es führt den Meditierenden weiter in den Einklang mit dem Kosmos. Die durch die Schwingung des OM wahrgenommene Gegenwart des Göttlichen durchdringt alles. »Im Anfang war das Wort *(Logos)* und das Wort war göttlich; alles ist durch das Wort geschaffen« – so beginnt der vom griechischen Denken geprägte Johannesprolog. »Im Anfang war der Laut, der Laut war OM, er war göttlich; alles entfaltet sich aus der Schwingung von OM« – so wird die Schöpfung von den vedischen Sehern wahrgenommen (Chand. Up. 1,1,2; 1,5,1–5). Die göttliche Stille wird durch OM artikuliert (Maitri Up. 6,22). Alles ist Schwingung, und der Ursprung der kosmischen Schwingung ist der göttliche Laut OM. »All dies ist OM« (Chand. Up. 2,23,3).

Die heutige Physik bestätigt diese Einsicht der alten Weisen: Der Kosmos ist Schwingung, Materie ist Energie. Wir befinden uns in einem alles durchdringenden Energiestrom, der im Schwingungsfeld der atomaren Struktur deutlich wird. Der Laut OM wird als die Urschwingung des Geistes im Kosmos erkannt. Wenn der Meditierende in der inneren Stille OM summt, wird das Bewusstsein zunehmend mit dem kosmischen Klang harmonisiert. Im geistigen Kernbereich kann man eine umfassende All-Einheit erleben, eine tiefe geistige Verbundenheit mit allem Sein, eine ergreifende Barmherzigkeit zu allen Wesen.

Dies ist eine Art kosmischer Bewusstseinserweiterung, die zu einer vertieften Christuserfahrung führen kann. OM könnte als ein Lautsymbol der inner-trinitarischen Perichorese aufgefasst werden. In Christus hat sich der göttliche Logos verkörpert und so wurde alles durch ihn und in ihm und auf ihn hin erschaffen (Joh 1,3; Eph 4,6; Kol 1,16). »OM – das ist der Aufgang des Seins im Vater (A), das Erwachen des Seins zu sich im Sohn (U) und das Ausklingen des Seins im Geiste (M). OM – das ist aus dem Schweigen des Vaters ausgegangen (A), öffnet sich aus der Tiefe im Wort (U) und verschmilzt im Seufzen des Geistes (M). Ich summe das OM, das im Vater seine Quelle hat, in mir aufbricht und im Geiste zum Schweigen gelangt« (Dom Le Saux).[7] Durch das meditative Wiederholen des OM, verbunden mit einer ganzheitlichen Hingabe an Christus, werden wir mit der Erfahrung des Christusbewusstseins begnadet.

Der ganze Kosmos wird
von OM
in Bewegung gesetzt.

Chand. Up. 1,5,1

Meditation

Sitz: Ich sitze aufrecht und entspannt.

Atem: In der tiefen Stille spüre ich bei jedem Einatmen dankbar den die Wirbelsäule entlang aufwärts fließenden Lebensstrom und beim Ausatmen den abwärts fließenden Strom. Weiter spüre ich, wie die Lebenskraft in den ganzen Leib hineinfließt und über den Leib hinausdringt.

Übungswort: Bei jedem Ausatmen wiederhole ich langsam OM in den abwärts fließenden und leibfüllenden Strom.

Wahrnehmung: Langsam spüre ich, wie die Schwingung des OM über meinen Leib hinaus vibriert. Ich fühle mich mit allen Wesen tief verbunden. Indem sich die Schwingungen des OM vom Herzzentrum aus entfalten, erlebe ich eine echte Barmherzigkeit zu allen Wesen. Belebt vom göttlichen Geist sitze ich in tiefer Einheit mit allem und erspüre, wie mein Selbst mit dem Göttlichen in Einklang kommt.

Die Gegenwärtigkeit

Allmählich klingt das Mantra OM in das tiefste Schweigen aus. Kein Wort, kein Bild, kein Name, kein Laut, überhaupt kein Gegenstand! Der Meditierende gelangt in die innere Kammer, an den eigentlichen Ort der Gotteserfahrung. Das personal verstandene Gottesbild weicht, und das Göttliche leuchtet als transpersonale Gegenwart auf. In diesem inneren, sakralen Raum ist völlige Leere, die aber die eigentliche Seinsfülle ist. Innen ist tragendes Dunkel, das eigentlich die belebende Lichtfülle ist.

Mystiker aller spirituellen Traditionen haben eine Ahnung von dieser tiefsten Seinserfahrung gehabt. Die upanishadischen Meister sagten zu jeder Gottesform *nēti nēti* (nicht so, nicht so) und erlangten den *nirguna brahma* (das unfassbare Göttliche). Johannes vom Kreuz sagte zu jedem Gottesbild *nada, nada* (Nichts, Nichts) und gelangte zur *unio mystica*. Im Zen geht man auf dem Weg ganzheitlicher Entleerung und erreicht das *mu* (Leere). Meister Eckhart sagte: »Du musst gottlos werden, um das Göttliche zu erfahren.« Platon hatte eine Einsicht in das Höchste durch einen »aufflammenden Feuerstrahl« gehabt, der weit über das Denken hinaus entflammte. Plotin erfuhr sie in der Einheit mit dem All-Ganzen. Dionysius Areopagita erlebte das Göttliche in der »strahlenden Finsternis«. Gregor von Nyssa sprach davon, dass der Meditierende »über alle Bilder hinaus auf das Unfassbare hin pilgern soll.« Erst durch die *Wolke des Nichtwissens*, in der *docta ignorantia*, erkennt man Gott.

In dieser sprachform-verneinenden *(apophatischen)* Erfahrung geht es um eine Verwandlung des Bewusstseins, eine Vertiefung der intuitiven Wahrnehmung. »Geh in deine innere Kammer und erfahre Gott im Verborgenen«, sagt Jesus und lädt den Meditierenden ein, »die Türe nach außen zu schließen, und tief ins Verborgene zu gehen« (Mt 6,6). Er möchte, dass man nicht auf der Ebene der Worte und Riten stecken bleibt, sondern in die tieferen Schichten des Geistes eindringt, um dort die Wahrheit zu erkennen (Joh 4,23). In der Tiefe ist die Wahrheit. In der göttlichen Tiefe des Jetzt ist die Ewigkeit.

Lass alles weg und strebe
erkenntnislos
zum Geeintwerden mit dem,
der alles Sein und Erkennen
übersteigt.

Dionysios Areopagita[8]

Meditation

Sitz: Ich sitze aufrecht und entspannt.

Atem: Mit dem bewussten und die Wirbelsäule entlang fließenden Atem komme ich zu einer leibhaften Stille.

Übungswort: Durch die Wiederholung des Namens Jesu und / oder des OM wird die Stille vertieft. Allmählich klingt der Name / OM in tiefes Schweigen aus.

Wahrnehmung: Ich nehme den inneren, leeren, lichten Raum dankbar wahr. Kein Bild oder Gedanke kommt herein. Hier steht die Zeit still; hier ist sakraler Raum. Ich lausche in die Stille. Mit einem begnadeten Blick schaue ich in die göttliche Tiefe, ohne etwas Bestimmtes sehen zu wollen. Der Gegenwart ganz gegenwärtig bleiben – darum geht es hier. Solche Erfahrungen sind Augenblicke. Ein solcher begnadeter Augenblick kann geistige Speise für unser ganzes Leben sein

Symbole der Verwandlung

Der Meister

Auf dem geistigen Weg begegnet dem Übenden der göttliche Meister. Hingabe an den Meister bedeutet nicht, sich auszuliefern an einen Heilbringer der Vergangenheit oder an einen Gott, der draußen steht. Der Übende lässt sich auf den inneren Weg ein, wo der göttliche Meister von innen her, von der Tiefe der Gegenwart her, ihm begegnet und ihn zur tiefsten Einheitserfahrung begleitet. Dies ist eine universale Erfahrung, die in vielen heiligen Schriften und mystischen Texten dargestellt wird. In dieser Übungsreihe nehmen wir die Bhagavad Gita als Wegbegleiter.

Die Gita, verfasst etwa 300 Jahre vor Christus, ist eine heilige Schrift der Hindus. Dieses mystische Lied beschreibt den Heil bringenden Dialog zwischen dem Gott suchenden Menschen und dem die Menschen liebenden Gott, den Dialog, der eigentlich im Herzen jedes Menschen stattfindet. Der spirituelle Prozess der Gita entfaltet sich auf einem dreifachen Weg:

1. Sich in Liebe dem göttlichen Meister anvertrauen *(bhakti)*,
2. die Einheit mit Gott in sich und in allem erkennen *(jnāna)* und
3. sich im Einsatz für die Welt dem Gott widmen *(karma)*.[9]

Die fünf Meditationen dieses Kapitels ermöglichen einen schrittweisen Zugang zu diesem Prozess. (Die Stellenangaben beziehen sich auf Strophen der Gita.)[10]

1. Ich vertraue mich ganz dem göttlichen Meister in mir an *(bhakti)*.
2. Ich erlebe, wie er mich tief in seine Gegenwart aufnimmt.
3. Ich erfahre, wie mein wahres Selbst mit dem göttlichen Selbst eins wird *(jnāna)*.
4. Mit dem göttlichen Auge schaue ich die Welt als den Ort der verwandelnden Wirkung des Geistes an.
5. Mit Freude erkenne ich, dass mein Handeln eine Anteilnahme am Werk Gottes ist, der die Welt zum Heil führt *(karma)*.

Die Hingabe in Freiheit

Der erste Schritt, um uns auf den Weg des inneren göttlichen Meisters einzulassen, ist die ganzheitliche Hingabe. Der Suchende nimmt seinen momentanen Zustand demütig wahr und bekennt, dass er allein keinen Schritt vorwärts kommen kann. »Mein Geist ist verwirrt, denn ich sehe nicht klar, was ich tun soll« (2,7). Im Leben befindet er sich in einer Krise und weiß nicht, in welche Richtung er sich wenden soll.

Dann hört er in der Herzensstille die Stimme des göttlichen Meisters: »Du bist mir lieb« (18,64). Er fasst Mut und vertraut sich bedingungslos dem Meister an. »Dein Schüler bin ich, belehre mich« (2,7). Mit dieser Haltung gibt er dem inneren Meister Raum. Der ganze Verwandlungsprozess findet in diesem Innenraum statt. Die Verwandlung geschieht in der Dialektik zwischen menschlicher Freiheit (18,63) und göttlicher Gnade (18,56). Der Mensch öffnet sich in Freiheit und Gott zeigt sich in Gnade. Dieser Wechselvorgang wird in der Gita durch die Form des Dialogs zwischen dem Gott suchenden Menschen *(Arjuna)* und dem den Menschen umarmenden Gott *(Bhagavān)* dargestellt.

Der Meister spricht den Schüler mit einladenden Worten an, die aus tiefer göttlicher Liebe entspringen. »Richte dein Denken auf mich, verehre mich mit Hingabe, nimm Zuflucht zu mir, aus ganzem Herzen. Ich werde dich von allem Übel befreien, sei nicht betrübt, denn du bist mir sehr lieb« (18,65–66). Diese Zusage weckt im Menschen die Sehnsucht, auf die Gestalt des liebenden Gottes zu schauen und mit Gott eins zu werden (11,3). Aber dieses Heilsverlangen kann nur dann zur Erfüllung gelangen, wenn der Suchende seine Ichbezogenheit loslässt, die in der Habsucht gründet. »Habsucht ist der Feind in dir, das unersättliche Feuer, das alles verschlingt und vernichtet« (3,37–39). Sie erscheint in vielfältigen Formen: unbeherrschte Gefühle oder verwirrende Gedanken (2, 62–63; 16,4), materielle Besitzsucht oder politische Machtgier (16,13–16), religiöser Ritualismus (2,42) oder widergöttlicher Kultwahn (16,17). Der Gottsuchende soll ganz ehrlich seine Anhänglichkeiten erkennen, die ihn an das kleine Ich binden, und sich davon lösen (18,53). Dazu braucht er allerdings die befreiende Gnade und Wegbegleitung des göttlichen Meisters. Ihm gibt er sich mit großem Vertrauen (4,39) und in echter Liebe hin (9,34). Dies ist die erste Stufe von *bhakti* (Hingabe).

Nimm Zuflucht in Ihm,
Geliebter,
aus ganzem Herzen Zuflucht.

Gita 18,62

Meditation

Sitz: Ich sitze aufrecht und entspannt, möglichst auf dem Erdboden. Durch das bewusste Atmen komme ich zu einer leibhaften Stille.

Wahrnehmung: Ich spüre, dass ich auf einem dunklen Weg meines Inneren wandere. Ich nehme meine geistige Notlage ehrlich wahr und vertraue mich ganz dem göttlichen Meister an. Die konkrete Gestalt dieses inneren Meisters wird von der Glaubenshaltung des Übenden bedingt sein (7,21). Für Christen ist Christus der innere Meister. Er begegnet mir nicht von außen, sondern vom göttlichen Seinsgrund her. Ich lasse mich vertrauensvoll ganz auf seine Begleitung ein.

Übungswort: Mit jedem Atemzug spreche ich die Hingabe aus: *Führe mich ins Licht!* Oder ich wiederhole eine Formel wie z.B. *Sishystē aham* (Ich bin dein Schüler, belehre mich. 2,7)

Die gnadenhafte Innewohnung

Auf dem inneren Verwandlungsweg begleitet der göttliche Meister den Suchenden zu den tieferen Schichten des Bewusstseins. Zunächst erscheint Gott dem Menschen als ein Freund und Wegbegleiter. Aber bald erlebt der Suchende, dass ihm der göttliche Meister nicht von außen her begegnet, sondern ihn von innen her liebt und belebt. Auf dem inneren Pilgerweg befindet sich der Mensch nicht vor Gott, sondern in Gott, denn der Weg führt zu den tiefen Schichten des Gottesbewusstseins.

Betroffen von der Liebe des innewohnenden göttlichen Meisters, bittet der Schüler: »Wenn du meinst, dass ich dich schauen kann, zeige mir bitte deine wahre Form« (11,4). Auf dieses sehnsüchtige Gebet kommt die Antwort: »Mit deinem eigenen Auge kannst du mich nicht sehen. Ich öffne in dir das göttliche Auge: Nun schau meine Herrlichkeit an!« (11,8). Mit diesem Gnadenauge sieht der Schüler, wie die gesamte Wirklichkeit aus dem göttlichen Seinsgrund heraus zur Entfaltung kommt. Der Mensch kann Gott nur im göttlichen Licht schauen, nur mit dem göttlichen Auge. »Nicht durch das Studium der Schriften oder Askese oder Opfergabe kannst du mich sehen. Ehrliche Liebe allein, Hingabe an mich ermöglicht dir den Anblick Gottes in seiner wahren Form« (11,53–54).

Wenn das innere Auge der *buddhi* geöffnet wird, wenn das innere Licht erstrahlt, erkennt der Schüler den göttlichen Meister nicht mehr als begleitendes Du, sondern als das tragende göttliche Selbst *(ātman)*. »Wer mich liebt, geht in mich ein« (11,54). In der begnadeten Innenschau erkennt er, dass sein wahres Sein durch die Liebe Gottes verwandeltes Wesen ist. »Wer mich liebt, der wohnt in mir und ich wohne in ihm« (9,29). Als tätiger Mensch bewegt sich der Schüler in vielen Beschäftigungen, aber mit dem Bewusstsein, dass er sich eigentlich »in Gott bewegt« (6,31). Er erfährt Gott nicht als den außenstehenden Herrn, sondern als die innewohnende Gegenwart. »Ich bin präsent im Leib aller Wesen.« (10,20) »Ich bin gegenwärtig im Herzen aller Wesen« (15,15). Mit echter Hingabe lässt er sich auf diese verwandelnde Gegenwart ein.

Dies ist die zweite Stufe der *bhakti*, die in *jnāna* (Erkenntnis) übergeht.

Richte dein Denken auf mich,
öffne deine buddhi zu mir,
du wirst in mir wohnen.

Gita 12,8

Meditation

Sitz: Ich sitze aufrecht und entspannt. Durch das bewusste Atmen komme ich zu einer leibhaften Stille.

Wahrnehmung: Ich nehme die in meinem Innenraum schimmernde göttliche Flamme wahr. Ich spüre, wie sie sich langsam entfaltet und das göttliche Licht in mir erstrahlt. In diesem Licht erlebe ich, wie ich ins Lichtfeld des göttlichen Meisters aufgenommen werde. Ich nehme mich als von Christus Angenommenen an.

Übungswort: Mit jedem Einatem spreche ich innerlich: *Du in mir.* Mit jedem Ausatem spreche ich: *Ich in dir* oder die Formel: *mayi te teshuaham* (Du in mir, ich in dir, 9,29).

Die Einheit im Seinsgrund

Kraft der Gnade Gottes dringt das Bewusstsein zu den tiefsten Bereichen. Von den Anhänglichkeiten gelöst, erreicht der Mensch den inneren Raum der Freiheit. Von der befestigten Ichbezogenheit *(ahamkāra)* kommt er zum transparenten Selbstbewusstsein *(ātmabodha)*. In der geistigen Kammer des Herzens erkennt er, wer er eigentlich ist.

Die Gita spricht von drei Grundformen der mystischen Einheit mit dem Göttlichen:

1. Das menschliche Selbst und das göttliche Selbst sind einig in der Unterschiedenheit: Ich wohne in dir und du in mir (9,29).
2. Das menschliche Selbst ist eins mit dem göttlichen Selbst wie ein Teil mit dem Ganzen: Du bist Teil von mir (15,7).
3. Das menschliche Selbst und das göttliche Selbst sind letztlich das Eine: Ich halte dich für mein Selbst (7,18).

Eigentlich sind dies die drei integralen Grunddimensionen jeder echten mystischen Erfahrung. Daher soll der Suchende allen drei Erfahrungstiefen Raum geben und für den göttlichen Geist ganz empfänglich bleiben, um geführt zu werden, wohin Er will.

In der Gita begleitet der innere Meister den Schüler ständig von der einen zur anderen Erfahrungstiefe. Zuletzt soll der Schüler für die tiefste Einheitserfahrung offen werden. Dann wird er begnadet mit dem göttlichen Auge, um »das Selbst im Selbst durch das Selbst sehen zu dürfen« (6,20; 13,24). Hier wird der innere sakrale Raum ganz »vom göttlichen Licht der Erkenntnis erleuchtet« (13,17). Im tiefsten mystischen Bewusstsein wird »das menschliche Selbst durch das göttliche Selbst ganz emporgehoben« und durchlässig gemacht (6,5; 2,55; 3,17). Dort vernimmt die Seele die göttliche Zusage: »Ich halte meinen Geliebten für mein Selbst« (7,18). Das göttliche Licht strahlt durch das wahre Wesen des Menschen. Die Seele geht ins Göttliche ein wie der Tropfen ins Meer, um die beglückende Einheit zu erfahren – »ohne vernichtet zu werden«, aber ganz verwandelt (6,30).

Diese Erfahrung der Vergöttlichung des Menschen führt nicht zu Tatenlosigkeit. Der im Tiefsten Vereinte wirkt nach außen mit einem Bewusstsein, dass Gott das eigentliche Subjekt ist. »Ich tue nichts; Gott tut sein Werk durch mich« (5,9–10). Dies ist die in Gnade verwandelte Freiheit.

Dies ist die tiefste *Jnāna*-Erfahrung.

Der von der Ichhaftigkeit Befreite
ist für
Vergöttlichung bestimmt.

Gita 18,53

Meditation

Sitz: Ich sitze aufrecht und entspannt. Ich komme zu einer tiefen leibhaften Stille.

Wahrnehmung: Ich versuche, mich ganz erhellt vom inneren göttlichen Licht wahrzunehmen. Im Seinsgrund bin ich ganz aufgenommen und für die göttliche Gegenwart ganz durchlässig geworden. Das Bild eines ganz durchlichteten Kristalls oder des im Meer aufgehenden Tropfens hilft mir dabei. Ich nehme das Eins-Werden zwischen meinem wahren Selbst und dem göttlichen Selbst dankbar wahr.

Übungswort: Mit jedem Atemzug wiederhole ich: *Eins in dir* oder eine Formel wie *Ātmani ātmānam* (Im göttlichen Selbst das eigene Selbst erkennen. 6,20).

Der befreiende Weltblick

Aus der Innenschau der Einheit entfaltet sich der Blick nach außen. Mit dem inneren Auge schaut der Suchende nicht bloß nach innen, sondern auch in die Welt. Das nach innen vertiefte Bewusstsein öffnet sich ganz nach außen. Dann sieht der Mensch alles anders, alles vom göttlichen Geist durchdrungen. »Er sieht das Selbst in allen Wesen und alle Wesen im Selbst « (6,29). Er erlebt eine allumfassende Theophanie: Gottes Licht durchstrahlt alles (11,15ff.). Alles wird von der Gegenwart des göttlichen Lebens durchdrungen (7,7–11). In allem schwingt der göttliche Laut OM (9,17). »Ich bin das Selbst im Herzen aller Wesen, bin Anfang, Mitte und Ende von allem« (10,20). »Ich bin das ewige Samenkorn, verborgen in allen Wesen, das Licht von allen Lichtkörpern, die Grünkraft, die alle Pflanzen belebt und die Urschwingung, die alles in Bewegung setzt« (9,17–18; 15,12–13; 10,41). Jedes Atom, jede Lebenszelle, ist von der Gegenwart Gottes durchdrungen (8,22). Gottes Sein schwingt im Herzen aller Wesen (18,61).

Da der Weg in die Tiefe mit dem liebenden göttlichen Meister begann, erfährt der Schüler jetzt die ganze Wirklichkeit von der Gegenwart des gnädigen Gottes durchflutet. »Wer mich in allen Dingen sieht und alles in mir erkennt, von dem werde ich nie getrennt, denn er lebt und bewegt sich immer in mir« (6,30–31). Jeder Mensch, jedes Ding in der Natur, vermittelt ihm die Liebe Gottes, denn der Kosmos entfaltet sich »aus dem Wurzelgrund Gottes« (15,1). Der ganze Kosmos wird als »Leib Gottes« wahrgenommen (11,13). Der Schüler erfährt Gott als »Vater und Mutter, Freund und Begleiter, Weg und Heimat, Ursprung, Entfaltung und Zufluchtsort von allem« (9,17–18).

Gott in allem sehen und alles in Gott sehen – es geht dabei nicht um eine vergegenständlichte Betrachtung, sondern um eine vertiefte All-Einheitserfahrung. Man erfährt im eigenen Selbst die Durchlässigkeit von allem für das göttliche Selbst. »Der innerlich Vereinte ist selber zum Selbst von allem geworden« (6,32). Er erlebt überall das Eine als Reflektionen des Selbstes (6,32). Das Bewusstsein erreicht eine unendliche Weite.

Dies ist die kosmische Entfaltung von *jnāna*, die in *karma* (Handeln) einmündet.

Gott wohnt im Herzen
aller Wesen.

Gita 15,15

Meditation

Sitz: Ich sitze aufrecht und entspannt.

Atem: Beim Einatmen spüre ich den die Wirbelsäule entlang aufwärts fließenden Atemstrom, beim Ausatmen den abwärts fließenden Strom. Danach erspüre ich, wie der Lebensstrom über meinen Leib hinausfließt. Gottes Atem atmet in mir und in allen Wesen.

Wahrnehmung: Mit der Wiederholung des OM versuche ich, in Einklang mit der göttlichen Schwingung zu kommen, die durch alles hindurchtönt. Ich erspüre, wie das verwandelnde Licht des göttlichen Meisters durch alles hindurchstrahlt, wie alles im Meer der göttlichen Liebe lebt und sich bewegt.

Übungswort: Mit jedem Atemzug erspüre ich: *Gott lebt im Herzen aller Wesen,* 18,61. Oder ich wiederhole eine Formel wie *sarvabhūtātma bhūtātma* (Das eigene Selbst wird zum Selbst aller Wesen; 5,7).

Der verwandelnde Einsatz

Wenn der Suchende durch den inneren Verwandlungsprozess dazu geführt wird, Gott in allem zu erkennen und alles in Gott zu sehen, erfährt er eine neue Motivation, sich in der Welt einzusetzen. Die Gegenwart Gottes, die in allem wahrgenommen wird, ist keine statische Präsenz, sondern ein dynamischer Prozess. Mit dem inneren Auge sieht er, wie Gottes Geist alles verwandelt und zur ganzheitlichen Integration führt. Dieser endgültige Sinn des Lebens wird in der Gita als *dharma* bezeichnet. Wörtlich bedeutet *dharma:* Zusammenhalt, die alles umfassende Harmonie, die Integration des Kosmos im göttlichen Seinsgrund. Durch den Einsatz des Menschen, getragen von der Heilsgnade Gottes, entfaltet sich *dharma* in der Welt. Die Verheißung ist gegeben, dass in Momenten der großen Krise, »zur Rettung des Bedrückten und zur Beseitigung des Bösen, zur Wiederherstellung des *dharma*« Gott als Erlöser in der Welt auftritt (4,7–8). So wird die geschichtliche Entwicklung des Menschen als Heilsgeschichte erfahren.

»Befreit von den Fesseln der Habgier und tief verwurzelt im göttlichen Grund, setze dich ein für das Wohl aller Wesen« – dies ist die ethische Aufforderung der Gita (2,48; 3,25; 5,25). So wird die Welt als sakraler Raum empfunden, in dem sich ein Heilsgeschehen *(yajna)* entfaltet (3,9–10). Gottesverehrung geschieht nicht nur im geschlossenen Tempel, sondern auch im schöpferischen Einsatz in der Welt (6,31; 3,20). Nur eine Haltung der inneren Freiheit und Hingabe in den Werken führt den Menschen zur Integration (4,23).

Was ist das Kennzeichen eines befreiten Menschen in seinem Verhalten? Barmherzigkeit! »Wen liebt Gott über alles? Den Menschen, der kein Wesen hasst, freundlich ist und voller Barmherzigkeit, dessen Seele frei von Ichsucht und Besitzgier ist, innerlich geeint und zufrieden …« (12,13ff.). Wer in der Höhle des Herzens Gott erfährt, öffnet sein Herz allen Lebewesen in Barmherzigkeit. Er sieht das göttliche Selbst in allem (6,29) und sich selbst in allem (5,7). In allem spürt er einen Widerschein des eigenen wahren Selbst (6,32). Sein Leben in der Welt wird von einer zweifachen Ausrichtung geprägt: Verwurzeltsein *(yoga)* im Göttlichen und Verbundensein *(kshema)* mit allem (9,22).

Dies ist der Weg von *karma*.

Das Werk getan
im Sinne der Hingabe
führt zur Befreiung.

Gita 4,23

Meditation

Sitz: Ich sitze aufrecht und entspannt.

Atem: Durch das bewusste Atmen komme ich zu einer leibhaften Stille. Mit dem über den Leib hinausfließenden Atem spüre ich, wie Gottes Atem alles belebt.

Wahrnehmung: Dabei lasse ich die Liebe des inneren göttlichen Meisters durch mich nach außen strömen. Mit großer Barmherzigkeit schaue ich mein Lebensumfeld an und sehe mein Leben als Teilnahme am Wirken des göttlichen Geistes. Ich vergegenwärtige mir konkrete Beziehungen und Beschäftigungen und versuche, sie im Licht des alles verwandelnden Heilsprozesses *(dharma)* zu sehen.

Übungswort: Ich sinne über das Wort *yajna* (das Tun aus Selbsthingabe) nach, oder ich wiederhole mit jedem Atemzug: *yōgastah kuru karmāni*, (Verwurzelt in Gott erfülle deine Aufgaben; 2,48).

Das Weizenkorn

Der mystische Weg ist ein Weg der ganzheitlichen Verwandlung. Von der engen Ichhaftigkeit ist man befreit und wird zu einer All-Einheitserfahrung geführt. Die verborgenen spirituellen Kräfte der Neugeburt werden dadurch freigesetzt. Ein treffendes Bild dafür ist der Werdegang des Weizenkorns. Anhand dieses Symbols beschreibt Jesus seinen Weg mit uns (Joh 12,24).

Bei den folgenden Meditationen ist es wichtig, sich mit dem Weizenkorn zu identifizieren und den Werdegang innerlich nachzuspüren. Die hier angegebene, mit dem Atemzug verbundene Übungsreihe ist Karlfried Graf Dürckheim zu verdanken.[11]

Die begleitenden Texte stammen von Meister Eckhart. Dieser große deutsche Mystiker (1260–1328) ermutigte jeden suchenden Menschen seiner Zeit: Geh auf deinem Weg! Über die vertrauten Gottesbilder und herkömmlichen Gebetsformen hinaus soll jeder dem Geist innerlich Raum geben. Die in den Klammern angegebenen Seitenzahlen beziehen sich auf die Texte von Meister Eckhart.[12]

1. Ich lasse mich vom engen Ich-Gefühl los.
2. Ich lasse mich auf den göttlichen Grund nieder.
3. Ich lasse mich mit dem göttlichen Grund eins werden.
4. Ich lasse mich durch den göttlichen Lebensstrom neu werden.
5. Ich nehme die tiefe Verbundenheit mit allen Wesen im Göttlichen wahr.

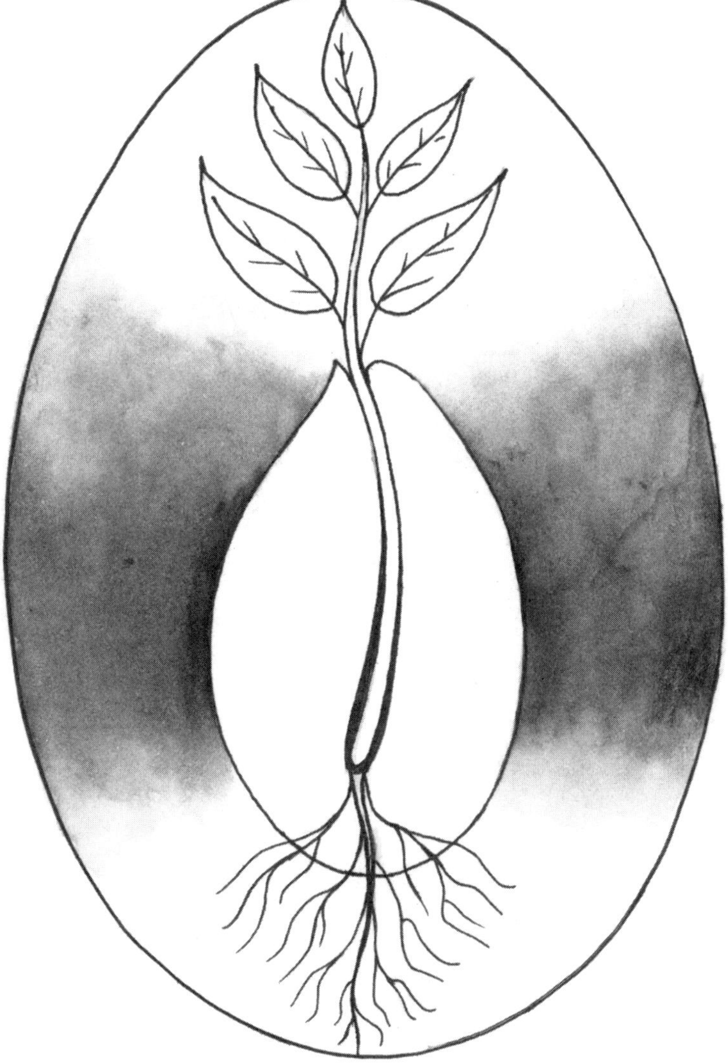

Loslassen

Verzichte und genieße das Leben – dies ist eine Grundbotschaft der Mystiker aller Religionen. Durch Verzicht erreichen wir innere Freiheit und lassen dem Geist Raum, damit er unser Leben verwandelt. Um diesen Verwandlungsweg zu verdeutlichen, beschreibt uns Jesus den Werdegang des Weizenkorns (Joh 12,24). Wie ein Weizenkorn hat er unter uns gelebt, unseren Leidensweg durchgemacht und so ist er Gott für uns geworden.

Das Weizenkorn hat zwei Möglichkeiten für seine Zukunft: Bleibt es in der Getreidedose, so endet sein Leben im Backofen; lässt es sich jedoch aussäen, dann fällt es auf die Erde und langsam wird es unter der strahlenden Sonne zur Mutter von Hunderten von Körnern. Der zweite Verwandlungsweg verlangt, dass das kleine Korn seine vorläufige Sicherheit aufgibt. Auf die Wärme und die Geborgenheit, die es in der kleinen dunklen Welt der Dose erlebt, muss es verzichten, wenn es in die Freiheit der Sonnenwelt hineinwachsen will.

Verzichten macht uns Menschen innerlich frei. Meister Eckhart bezeichnet es als Abgeschiedenheit. Auch »wenn der äußere Mensch sich in vielen Betätigungen befindet, bleibt doch der innere Mensch davon gänzlich frei und abgeschieden« (92). Es gibt drei Aspekte der Abgeschiedenheit:

1. Freiheit vom Ich: »Jede Bindung an das eigene Ich nimmt dir die Freiheit« (116). Wenn man mit Eigenwillen im kleinen Ich verschlossen bleibt, wird man Sklave seiner selbst.

2. Freiheit von der Welt: »Leer sein von aller Kreatur ist, Gottes voll sein, und voll sein aller Kreatur ist, Gottes leer sein« (88). Wenn man sich mit Habgier an die Dinge der Welt anklammert, wird man unglücklich, denn das engt den Innenraum ein. Besitzgier macht Menschen ängstlich vor Verlust, und die Angst schlägt dann leicht in die Konsumhaltung um.

3. Freiheit von Gott. »Du musst gottlos werden«, um Gott zu erfahren (154). Auf den inneren Weg sollen wir die vergegenständlichten Gottesbilder loslassen, damit wir innerlich Raum schaffen, um das Geheimnis des Göttlichen immer neu zu erfassen. *Deus semper major!*

Durch Abgeschiedenheit lassen wir Gott Gott sein (126), die Dinge der Natur Kreaturen bleiben (313) und das Ich zum wahren Selbst erwachen (123). Dann wird »Gott im Menschen fruchtbar« (115), denn der Gottsuchende ist vor Gott arm (95) und vor dem Geist Gottes Jungfrau (115).

Nimm den Rost weg,
und dann erglänzt,
was darunter verborgen liegt.

Eckhart, 103

Meditation

Sitz: Ich sitze aufrecht und entspannt und komme zu einer leibhaften Stille.

Atem: Ich erspüre mit jedem Einatmen die die Wirbelsäule entlang aufwärts fließende Atemkraft, und mit jedem Ausatmen die abwärts fließende Lebenskraft.

Wahrnehmung: Ich nehme alles wahr, was mich momentan beschäftigt und bedrängt: Dinge und Menschen, Aufgaben und Verpflichtungen, Ängste und Probleme, aber auch meine Gottesbilder.

Übungswort: Am Anfang jeden Ausatmens sage ich innerlich: *Loslassen!* Dabei gebe ich meine Neigung zum Festklammern auf. Mit Vertrauen lasse ich mich auf den Verwandlungsweg des Geistes ein.

Begleitbild: Das Fallen des Weizenkorns aus dem vorläufigen Sicherheitsgefüge begleitet und ermutigt mich.

Sich niederlassen

Das Weizenkorn lässt sich auf die Erde fallen. Die Mutter Erde fängt es liebevoll auf. Und dort beginnt ein Verwandlungsprozess, der mit dem Schmerz des Todes verbunden ist. Die Schale des Körnchens bricht, und das kleine Wesen liegt entblößt und vereinsamt im Schoß der Erde. Das, woran es bis jetzt festgehalten hat, muss es ganz loslassen, sich ganz aufgeben und sich auf den Erdenboden niederlassen. Das Fallen auf die Erde bedeutet für das Weizenkorn eine Erschütterung, aber zugleich ein Heimkommen: Angst vor Verlust der bisherigen Identität, aber auch Hoffnung auf eine neue Identität.

Der Mensch lässt sich auf den göttlichen Grund nieder. Eckhart verwendet oft das Symbol Grund, um die tragende Gegenwart des Göttlichen darzustellen. Den Unterschied, den er durchgehend im Erfahrungsbereich macht zwischen Gott und Gottheit, ist sehr hilfreich. Gott ist der personal aufgefasste und im Verstand aufgefangene Gegenstand der Verehrung. Als personale Wesen brauchen wir Menschen diese Vorstellung für unsere Frömmigkeit. Die Gottheit (das Göttliche) ist die transpersonale Gegenwart, die wir intuitiv wahrnehmen und in der Kontemplation erfahren dürfen. »Gott und Gottheit sind sehr verschieden. Gott wird, wo alle Geschöpfe Gott aussprechen. Als ich noch im Grunde, im Boden, im Strom und Quell der Gottheit stand, da fragte mich niemand, wohin ich wollte und was ich täte. Dort entwird Gott« (193).

»Unsere Bilder und Begriffe verbergen Gott mehr als sie ihn offenbaren« (Augustinus). Auf dem inneren, mystischen Weg relativieren wir die Gottesbilder (120) und lassen uns auf den göttlichen Grund nieder. Es ist eigentlich eine Erfahrung des Eingehens in »das verborgene Dunkel der ewigen Gottheit« (141), »in das Meer seiner Grundlosigkeit« (131), »in die schweigende Wüste im Innersten« (145), in eine Art Gottlosigkeit (154), ins Nichts (172). Diese beängstigende Phase kann der Gottsuchende nur durchstehen, wenn er weiß, dass er nicht ins Bodenlose sinkt, dass das Nichts eigentlich nicht nichts ist. Dieses Vertrauen ist die Gnade des Glaubens. Jede Religion versucht durch ein Heilssymbol, diese Zuversicht zu vermitteln. Wir Christen haben diese Zuversicht durch Jesus Christus erhalten. »Habt keine Angst«, versichert er uns (Lk 12,7) und macht uns Mut, uns vertrauensvoll loszulassen. Heil besteht in der Einheit mit dem göttlichen Grund.

Kehre in den Grund zurück,
aus dem du gekommen bist.

Eckhart, 170

Meditation

Sitz: Ich sitze aufrecht und entspannt, wenn möglich auf dem Erdboden.

Atem: Ich erspüre mit jedem Atemzug die die Wirbelsäule entlang aufwärts und abwärts fließende Lebenskraft.

Wahrnehmung: Ich nehme das Getragensein von der Mutter Erde dankbar wahr.

Übungswort: Gegen Ende jeden Ausatmens sage ich innerlich: *Niederlassen!* Dabei lasse ich mich sanft auf den göttlichen Grund nieder. Dankbar erlebe ich die tragende Kraft des göttlichen Grundes, der uns in Christus gezeigt wurde. Ich erspüre, wie mein ganzes Wesen mit all den Licht- und Schattenseiten im göttlichen Grund aufgefangen und verwandelt wird.

Begleitbild: Das Aufgenommenwerden des Weizenkorns in der Erde begleitet mich und schenkt mir Vertrauen.

Einswerden

Das Weizenkorn geht in der Erde auf. Es wird ganz eins mit der Erde. Dabei aber wird es nicht vernichtet, sondern verwandelt. Das kleine Korn wird vom belebenden Strom der Muttererde aufgefangen und dadurch mit der Erde vereinigt.

Auf unserem inneren Weg geschieht etwas Ähnliches in den tiefen Schichten des Bewusstseins. Das göttliche Leben strömt durch uns hindurch. Darin erkennen wir: »Hier ist Gottes Grund mein Grund und mein Grund Gottes Grund. Da lebe ich ebenso aus meinem Eigenen, wie Gott aus seinem Eigenen lebt« (124). Es ist die Erfahrung der *unio mystica.* »Im Einen findet man Gott, und eins muss er werden, der Gott finden soll. Sei eins, auf dass du Gott finden könntest!« (105).

Mystik ist die Überwindung der vergegenständlichenden Denkart. In der Begegnung mit dem personalen Gott gibt es Unterschiede, aber in der Erfahrung des transpersonalen Göttlichen ist alles Eins (193).

Aber im Lichte der christlichen Offenbarung erlebt Eckhart Gott nicht als eine in sich ruhende Wirklichkeit, sondern als eine ständig aus sich herausströmende Quelle: Gott als das Drei-Eine. Gottes Sein ist Werden: ein unaufhörlicher Geburtsvorgang. »In diesem Einen, im innersten Quellgrund, gebiert der Vater seinen Sohn. Dort entfaltet sich als Blüte der Heilige Geist« (126). »Die Kraft, in der Gott mit seiner ganzen Gottheit und der Geist in Gott grünt und blüht, in dieser Kraft gebiert der Vater seinen eingeborenen Sohn und der Geist gebiert mit dem Vater denselben eingeborenen Sohn und sich selbst als denselben Sohn« (120). So deutet Eckhart die inner-trinitarische Lebensbewegung *(Perichorese).* Er findet die personalistischen Namen und Formen nicht hilfreich, um das Geheimnis der Trinität zu deuten. Man muss die Vorstellung der personalen Eigenschaften Gottes beiseite lassen, um überhaupt in die Tiefe des Göttlichen hineinzuschauen (120). Kein Bild, kein Begriff, kein Gedanke trifft dort zu. Das Göttliche ist ein unergründliches Geheimnis, ein »einfaltiges Schweigen« (146). Nur eines ist uns möglich: der Gegenwart ganz gegenwärtig zu sein und in die göttliche Tiefe des Augenblicks hineinzuspüren. Denn das Ewige ist im Jetzt (118).

Eines mit Einem,
Eines von Einem,
Eines in Einem und
in Einem Eines ewiglich.

Eckhart, 110

Meditation

Sitz: Ich sitze aufrecht und entspannt und nehme die Einheit mit der Erde intensiv wahr.

Atem: Ich erspüre mit jedem Atemzug den die Wirbelsäule entlang aufwärts und abwärts fließenden Strom des Lebens.

Wahrnehmung: Mit jedem Ausatmen erspüre ich, wie die Atemkraft mit dem Leib eins wird.

Übungswort: Ich richte die Aufmerksamkeit auf die winzige Pause, die am Ende jedes Ausatmens spontan entsteht. Dabei sage ich innerlich: *Eins werden lassen.* Ich lasse die gnadenhafte Wahrnehmung der tiefen Einheit mit dem Göttlichen in Christus zu.

Begleitbild: Ich versuche, das Eingehen des Weizenkorns in den Lebenswandel der Erde nachzuempfinden.

Neuwerden

Das Weizenkorn geht in der Erde auf, aber der Lebensstrom der Erde treibt es hoch in eine neue Seinsweise. Es stirbt zu der bisherigen Identität, aber erwacht zu einer neuen Lebensform. Eine tief greifende Verwandlung geschieht in dem kleinen Wesen. Von der Abkapselung befreit, wird es zum Mutterboden für Hunderte von Körnern. Die Erde gebiert die Pflanze; eigentlich gebiert sich die Erde in der Pflanze. Jede Pflanze ist ein Stück verwandelte Erde. Was in der Form der Pflanze wächst, ist letztlich die Erde selbst. Pflanzen sind die ausgestreckten Hände, die ernährenden Mutterbrüste der Erde. Jede Pflanze würde zu sich sagen: Ich bin in der Erde, die Erde ist in mir, ich und die Erde sind eins.

Dieses Bild der Pflanze ist ein treffendes Symbol für die Verwandlung des Menschen durch den innewohnenden göttlichen Geist. Eckhart bezeichnet sie als Gottesgeburt in der Seele. Im inner-trinitarischen Geburtsprozess sind wir Menschen ständig neu geboren. »Gott gebiert seinen eingeborenen Sohn in das Höchste der Seele. Im gleichen Vorgang, in dem er seinen eingeborenen Sohn in mich gebiert, gebäre ich ihn zum Vater zurück« (138). Unser geistliches Leben entfaltet sich eigentlich nicht so sehr vor Gott, sondern im Göttlichen, im Strom des inner-trinitarischen Lebens. Gottes Leben kommt zum Blühen in und durch uns Menschen. Aus dem Wurzelboden des Vaters entsteht der Sohn wie der Stamm. Im Geiste kommen wir als Zweige zur Entfaltung. »Aus dem Boden, aus dem der Vater sein ewiges Wort gebiert, aus demselben Boden bin ich geboren« (116).

Wenn wir Zweige des göttlichen Baumes sind, tragen wir Früchte des göttlichen Lebens, die neue Bäume erzeugen. So lassen wir das göttliche Leben in die Welt einfließen. »Gott wirkt und ich werde« (24). In diesem Sinne sind wir von Gott geboren, aber zugleich gebären wir auch Gott. Wir sind nicht bloß Kinder Gottes, sondern im gewissen Sinne Väter / Mütter Gottes, denn »wir gebären den, von dem wir geboren sind« (137). Für diesen mystischen Vorgang verwendet Eckhart das Bild: Die Jungfrau wird zur Mutter, denn »für Gott ist es wertvoller, dass er von jeder Jungfrau, d.h., jeder guten Seele, geistig geboren wird, als dass er von Maria leiblich geboren wurde« (134). Den Vorgang dieser mystischen Gottesgeburt haben wir in Jesus Christus erkannt. Was in ihm geschah, geschieht in uns weiter: Vergöttlichung des wahren Wesens.

Gott wird im Menschen
fruchtbar.

Eckhart, 115

Meditation

Sitz: Ich sitze aufrecht und entspannt und spüre die belebende Kraft der Erde.

Atem: Ich spüre den Atemstrom durch die Wirbelsäule auf- und absteigen.

Wahrnehmung: Ich nehme den Atem dankbar wahr mit der Überzeugung: Gottes Atem atmet in mir.

Übungswort: Diesmal richte ich die Aufmerksamkeit auf das Einatmen und spüre, wie bei jedem Einatmen die erfrischende Lebenskraft in mich einfließt und jede Zelle meines Leibes erneuert. Mit jedem Einatmen lasse ich in mir nachklingen: *Neu werden lassen.* Ich erlebe dabei leibhaft die Wirkung des göttlichen Geistes, der durch Christus geschenkt wird.

Begleitbild: Die aus dem Weizenkorn heraussprossende Ähre bleibt das Begleitbild für diesen Prozess.

Gottes Geist in allem wahrnehmen

Das Weizenkorn wächst aus dem Mutterboden der Erde hervor. Belebt von der Sonne und beatmet vom kosmischen Lebensstrom entfaltet sich der neue Halm. Allmählich gebiert die Pflanze eine große Anzahl von Körnern. Durch den Leidensweg und den Tod des einen Kornes finden viele Körner den Weg zum Leben. Das vereinzelte Korn hat die vorläufige Identität aufgegeben, um eine neue Identität im Strom des kosmischen Lebens zu gewinnen. Die eine Sonne belebt sie alle, die eine Erde ernährt sie alle und der eine Atemstrom fließt durch alles. Die Pflanze wächst in einer tiefen Einheit mit allem.

Wenn wir zu unserem erstarrten Ich sterben und vom göttlichen Grund belebt werden, befinden wir uns im Lebensstrom Gottes. Wenn wir vom innewohnenden göttlichen Geist neu gestaltet werden, erfahren wir eine tiefe Verbundenheit mit allen Menschen und Dingen. Mit Freude erkennen wir, dass alles aus dem einen göttlichen Grund heraus wächst und gedeiht, blüht und Früchte trägt. Wie Zweige an dem einen einzigen, göttlichen Baum sind wir tief miteinander verbunden. Der eine Geist Gottes fließt wie der Baumsaft durch alles.

Diese Erweiterung des Bewusstseins ist ein Grundansatz der Mystik von Eckhart. Von der göttlichen Sonne durchlichtet sieht man »Gott in allem, und alles in Gott« (272). »Man schmeckt Gott in allem« (191). »Man erkennt Gott in allen Dingen« (106). Die ganze Welt wird als ein sakraler Raum wahrgenommen, als Tempel des göttlichen Geistes. Alles wirkt in Gott, und Gott wirkt durch alles, denn das Sein strömt aus dem göttlichen Grund hervor (272). Wer in diesem Licht aufwacht, betrachtet alles aus einer göttlichen Perspektive, denn er »bringt alle Geschöpfe in ihrem geistigen Sein in seine Vernunft, sodass sie in ihm eins sind« (193). So wird die Welt als der Ort der verwandelnden Wirkung des göttlichen Geistes wahrgenommen.

Aus dieser integralen Weltsicht wächst eine Grundhaltung der Barmherzigkeit. »Das größte Werk Gottes ist Barmherzigkeit. Das Werk der Barmherzigkeit ist Gott wesensverwandt« (130). In Liebe sind wir mit dem göttlichen Du vereint, aber in Barmherzigkeit leben wir aus dem alles belebenden göttlichen Grund heraus und nehmen an der verwandelnden Wirkung des Geistes Teil. »Das, was uns vorher ein Hindernis war, das fördert uns nun allesamt« (178).

Alle Dinge werden lauter Gott,
denn in allen Dingen
sinnst du nichts als lauter Gott.

Eckhart, 179

Meditation

Sitz: Ich sitze aufrecht und entspannt und komme zu einer leibhaften Stille.

Atem: Mit jedem Atemzug erspüre ich, wie der Lebensstrom von der Wirbelsäule aus in den ganzen Leib einfließt und über den Leib hinaus nach außen.

Wahrnehmung: Ich erspüre, wie ich durch alle Lebewesen atme und sie durch mich. Gottes Atem atmet durch alles. Dabei erfahre ich die beglückende Verbundenheit mit allem in dem einen Atemstrom, die belebende Einheit mit allem in Gott. Ich sitze in der Gesinnung der Barmherzigkeit.

Der Baum

Der Baum stellt die zweifache Grundausrichtung des geistigen Prozesses dar: das Verwurzeltsein im göttlichen Seinsgrund und das Verbundensein mit allen Wesen. Darüber hinaus verdeutlicht das Baumsymbol das Geheimnis der Dreifaltigkeit: Wurzel (Vater), Stamm (Sohn), Saft (Geist) und Zweige (wir). Durch die Meditationen öffnen wir unser Herz zum inner-trinitarischen Lebensprozess hin.

Es ist wichtig, dass der Übende sich mit dem Baum identifiziert, dass er selber zum Baum wird und dem Wachstumsvorgang innerlich nachspürt. Sehr empfehlenswert ist es, nach den Meditationen die inneren Baumbilder zu zeichnen: nicht ich zeichne, es zeichnet. An den intuitiv gezeichneten Baumbildern kann der Übende seine psychische Lage und die derzeitige geistige Entfaltungsphase erkennen. Hilfreich kann es auch sein, einen Baum als Meister auszusuchen und das Gespräch mit ihm zu spüren: mehr zuhören und der stillen Botschaft des Baumes in sich lauschen.

Die Texte des Johannesevangeliums und der Kirchenväter der frühen Jahrhunderte begleiten uns bei diesem inneren Prozess.

1. Ich spüre das Verwurzeltsein im Seinsgrund des göttlichen Vaters.
2. Ich erspüre das Getragensein durch den Stamm, der der göttliche Sohn ist.
3. Ich nehme den göttlichen Geist wahr, der wie der Lebenssaft hindurchströmt.
4. Ich erkenne mich als den Zweig, der durch den göttlichen Lebensstrom vergöttlicht wird.
5. Ich erlebe, wie alle Zweige, alle Wesen, im Göttlichen tief miteinander verbunden sind.

Das Verwurzeltsein

Wir Menschen mögen Bäume. Der Baum ist ein in unserer Psyche tief eingezeichnetes Urmuster. Er ist ein kollektiver Archetyp (C. G. Jung). In jedem von uns entfaltet sich ein Baum. Diesem inneren Lebensbaum Raum zu geben, führt zur Heilung im psychischen Bereich und zum Heil im geistlichen Leben.

Der Baum ist unsere Urheimat. Bei vielen Stammesvölkern gibt es die Vorstellung, dass der menschliche Körper ein Evolut des Baumes ist. Im vedischen und im griechischen Denken ist der Mensch ein umgekehrter Baum *(arbor inversa)*. Vom Wurzelstock des Gehirns verzweigt sich das Nervensystem nach unten. Man spricht auch vom Bronchialbaum, von der Arterienverzweigung und von der Gefäßverästelung. Als ein baumähnliches Gebilde lebt das Baby im Mutterschoß: Umschlossen von feinsten Ästchen der mütterlichen Blutgefäße trinkt das kleine Wesen vom Ahnenbaum sein Erbgut. Wenn wir zum Baum kommen, kommen wir zu unserem Entstehungsort. Darum haben wir eine Urfaszination für Bäume. Wir regenerieren schnell unter Bäumen oder in Wäldern: Dort sind wir in allen Erdteilen wirklich zu Hause. Gott kann die schlafende Seele unter einem Baum mit seiner Lebensglut berühren und erfrischen.

Die verborgene Wurzel des Baumes weist auf das Geheimnis der Wirklichkeit hin, auf den göttlichen Wurzelgrund, »woraus wir entstehen, wodurch wir leben und wozu wir zurückkehren« (Tait. Up. 3,1,1). Wer nicht bereit ist, zum Grund zu gehen, geht zugrunde. Wer keine Wurzel hat, wächst in keine Zukunft. So wie der Stamm des Baumes um den verborgenen Wurzelstock weiß, so hat Jesus in seinem tiefsten Bewusstsein um Gott gewusst: »Ich komme aus dem Vater hervor« (Joh 16,28). »Ich lebe durch den Vater« (Joh 6,57). »Der Vater, der die Lebensquelle ist, hat mich zum Lebensträger gemacht« (Joh 5,26). Der Vater hat mich ausgesandt (Joh 7,28–29). »Ich bin im Vater, der Vater ist in mir« (Joh 10,38).

Den mystischen Gehalt dieser Bildsprache erfassen wir tiefer, wenn wir sie mit dem Baumsymbol zu deuten versuchen. Jesus selbst beschreibt sich wie einen Baumstamm (Joh 15,5). Der Gott, den Jesus Vater nannte, ist nicht eine oben über den Himmelsgewölben thronende, patriarchalische Gottesfigur, sondern der gebärende, nährende und tragende Mutterboden des Göttlichen: Das, woraus er lebte.

»Der Sohn ist geboren aus der Gebärmutter des Vaters (*de utero patris*)«, heißt es bei Ambrosius.[13] So dürfen wir im Lichte der Erfahrung Jesu Gott als Wurzelgrund unseres Seins erfahren.

Der Vater ist die Wurzel
des Seins des Sohnes.

Ambrosius, PL. 16,642

Meditation

Sitz: Ich sitze aufrecht und entspannt und bin wie ein Baum in der Erde verwurzelt.

Atem: Mit jedem Ausatmen spüre ich das Hineinwachsen der Wurzeln nach unten, und mit jedem Einatmen erlebe ich den Aufstieg der Erdenkraft nach oben in den Bauch- und Beckenraum.

Begleitbild: So wie der Stamm das Verwurzeltsein im Mutterschoß der Erde empfindet, so nehme ich das Verwurzeltsein im Mutterboden des göttlichen Vaters dankbar wahr.

Übungswort: Mit jedem Atemzug wiederhole ich innerlich die Anrede Jesu, *Abba*, und lasse das Wort Jesu in mir nachklingen: *Ich komme aus dem Vater.*

Das Getragensein

Der Baum ist ein Ursymbol des Heils. Der Baum verleiht Schutz und Schatten, Sauerstoff und Nahrung, Haus und Kleid. Darüber hinaus vermittelt der Baum den Menschen die heilende Nähe Gottes. Bäume sind so wie die im Beten auf den Himmel hin gefalteten oder ausgestreckten Hände der Erde. Sakrale Bäume wurden als Himmelsleiter angesehen. Der archaische Mensch hat am Baum die lebendige Verbindung mit dem Weltgeist erlebt. Darum waren die ältesten heiligen Orte Haine, die die kosmische Harmonie versinnbildlichen.

Der Baum ist eine Ursprache der Gottesoffenbarung. Die Seher des Himalajas und die Weisen von China haben meistens unter Bäumen meditiert und Unterweisungen erteilt. Buddha erhielt die Erleuchtung unter dem Bodhi-Baum. Gott erschien Abraham bei den Eichen von Mamre (Gen 18,1). Jahwe offenbarte sich Mose im brennenden Dornbusch (Ex 3,2). Unter der Eiche beruft der Engel Gideon zum Retter des Volkes (Ri 6,11). Der Herr sprach zu David durch das Rauschen in den Maulbeerbäumen (2 Sam 5,24). Der hebräische Gottesname *Elohim* ist von *elon* (= Eiche) abgeleitet. Jesus begegnete Nathanael unter dem Feigenbaum (Joh 1,50). Vermutlich hat Jesus oft mit dem Baumsymbol meditiert, denn er verwendet reichlich die Bilder der Pflanzenwelt in seinen Gleichnissen.

Jesus versteht sich als den Stamm, der den verborgenen Wurzelboden des Vaters öffnet und die heilende Nähe Gottes vermittelt: »Ich bin der Weinstock« (Joh 15,5). »Ich komme aus dem Vater hervor« (Joh 16,28). »Ich lebe durch den Vater« (Joh 6,57). »Ich bin vom Vater ausgegangen und komme von ihm. Nicht von mir aus bin ich gekommen, sondern er hat mich ausgesandt« (Joh 8,42). Wie der Stamm im Bezug auf die Wurzel sagt, so spricht Jesus: »Ich bin im Vater, der Vater ist in mir« (Joh 10,38). »Ich und der Vater sind eins« (Joh 10,30).

Die Wurzel bezeichnet die Verborgenheit des Vatergrundes (Joh 5,37); der Stamm offenbart den verborgenen Wurzelgrund (Joh 14,7). So konnte Jesus sagen: »Wer mich sieht, sieht den Vater« (Joh 14,9). »Wer mich hört, hört den Vater« (Joh 14,24). »Ich bin der Weg zum Vater« (Joh 14,6). »Der Vater, der die Lebensquelle ist, hat mich zum Lebensträger gemacht« (Joh 5,26). Der Stamm ist wesenhaft eins mit der Wurzel; der Sohn ist mit dem Vater eines Wesens *(homoousios)*.

Und doch ist der Vater der Gebärende und der Sohn der Geborene. Christus ist die aus dem göttlichen Wurzelboden heraus wachsende und uns im Jetzt tragende Gegenwart Gottes.

Gott hat das Wort hervorgebracht,
wie die Wurzel
den Sprössling hervorbringt.

Tertullian, Adv. Prax. 4

Meditation

Sitz: Ich sitze aufrecht und entspannt und bin wie ein Baum in der Erde verwurzelt.

Atem: Ich nehme den durch die Wirbelsäule fließenden Strom des Atems dankbar wahr. Ich atme die Wirbelsäule entlang aufwärts ein und vom Herzzentrum abwärts aus.

Begleitbild: Die Wirbelsäule wird als Baumstamm erlebt und darin die tragende Kraft des Lebens erspürt. So wie der Zweig das Getragensein durch den Stamm spürt, so erlebe ich das Getragensein durch Christus, den Weinstock, den Lebensbaum.

Übungswort: Mit jedem Atemzug wiederhole ich achtsam den Namen Jesu und erlebe dabei den Gehalt des Wortes: *Bleibt in mir, ich bleibe in euch.*

Das Genährtwerden

Der Baum ist eine Gestalt des Urmütterlichen. Die gebärende, ernährende, schützende und bewahrende Funktion der Natur wird am Baum deutlich spürbar. In fast allen alten Kulturen gab es die Vorstellung vom Weltenbaum, der im Nabel des Kosmos aufragt. Diese Weltachse *(axis mundi)* verleiht allen Wesen Standhaftigkeit und Festigkeit, Fruchtbarkeit und Heilkraft. Der Weltenbaum wächst als die kosmische Mutter aus den Urquellen hervor und durch die Vermählung der Erdenkraft mit den himmlischen Sonnenenergien sendet sie den Honigtau hernieder, der alle Lebewesen ständig ernährt. Bei den Germanen hieß er *Yggdrasil*, bei den Indern *Aswatha*, bei den Persern *Vourukasha*, bei den Ägyptern *Osiris* und bei den Chinesen *Kien-mu*.[14]

Jeder Baum ist ein Sinnbild des unsichtbaren Weltenbaumes. Der Baum lebt vom Wasser und bewahrt auch das Wasser; er verwandelt das Wasser in den Saft des Lebens und ernährt alle Lebewesen. Der Baum ist wie ein Springbrunnen: Das Wasser des Lebens fließt in ihm ständig aufwärts und erneuert alles. So ist er ein Sinnbild für den Strom des belebenden göttlichen Geistes, für die tragende Mütterlichkeit Gottes.

Jesus hat die Gegenwart Gottes als Lebensstrom erfahren. Er sprach nicht von einem in sich ruhenden Gott, sondern von einem Gott, der sich ewig ausgießt. So wie sich der Baumsaft aus der verborgenen Tiefe der Wurzel durch den Stamm ausgießt, so fließt der Geist aus dem Vaterboden durch den Sohn. Der Geist ist wie der Leben spendende Saft im göttlichen Strom. So sprach Jesus: »›Wer dürstet, soll aus mir trinken; wie die Schrift sagt: aus seinem Inneren werden Ströme des lebendigen Wassers hervorfließen.‹ Er meinte damit den Geist« (Joh 7,39).

Der Gottsuchende muss »aus Wasser und Geist wieder geboren werden« (Joh 3,5). Der Geist ist das Lebensprinzip im Göttlichen, der Strom der den Vater und den Sohn in Wesenseinheit verbindet *(Perichorese)*. Der Geist ist das Sich-Selbst-Austeilen des göttlichen Lebens (Joh 6,63), das Selbst-Ausgießen der göttlichen Liebe (Röm 5,5), das Selbst-Ausströmen der göttlichen Quelle (Joh 7,39) das Selbst-Ausstrahlen des göttlichen Lichtes (Apg 2,3), die Selbst-Offenbarung der göttlichen Wahrheit (Joh 14,17). Der Geist ist die immanente Kraft des Göttlichen *(dynamis tou theou)*.

Geist ist wie das Licht,
das aus dem göttlichen Feuer
erstrahlt.

Athenagoras, PG. 7,1173

Meditation

Sitz: Ich sitze wie ein Baum, aufrecht und entspannt.

Atem: Ich nehme den die Wirbelsäule entlang aufwärts fließenden und vom Herzzentrum aus in den ganzen Leib einfließenden Lebensstrom wahr.

Begleitbild: Wie der Zweig den belebenden Lebenssaft spürt, so erlebe ich den sprudelnden Strom des göttlichen Geistes in mir.

Übungswort: Mit jedem Ausatem wiederhole ich das Mantra OM und erlebe dabei den Gehalt des Wortes: *Wir werden mit dem Geist getränkt* (1 Kor 5,13).

Das Verwandeltwerden

Der Baum ist der Urmeister der Menschheit. Menschen haben zuerst von Bäumen gelernt, nicht aus Büchern. Heute noch holen viele Stammesvölker Lebensweisheiten, Orakel vom großen Geist und rechtes Urteil von sakralen Bäumen. »Mehr lernst du in den Wäldern als aus Büchern« (Bernhard von Clairvaux).[15] Als Gestaltsymbol des menschlichen Wesens kann der Baum tiefere Einsichten zum Sinn und Ziel des Lebens verleihen. »Wer mit Bäumen zu sprechen weiß, wer ihnen zuzuhören weiß, der erfährt die Wahrheit« (Hermann Hesse).[16]

Die Grundfrage der geistig Suchenden aller Zeiten lautet: Wer bin ich? Gehen wir mit dieser Frage zum Baum. Welche Antwort gibt er uns? Jesus lebte aus dem tiefen Bewusstsein, dass er wie der Stamm aus dem Wurzelboden des Vaters lebte (Joh 15,5; 8,42; 6,57) und dass der Geist ihn wie der Lebenssaft erfüllte und belebte (Joh 7,39, Lk 4,18). An diesem göttlichen Selbstbewusstsein wollte Jesus uns teilhaben lassen. Darum sagte er:

- »Wie mich der lebendige Vater gesandt hat, so sende ich euch« (Joh 17,18).
- »Wie ich durch den Vater lebe, so werdet ihr durch mich leben« (Joh 6,57).
- »Wie mich der Vater geliebt hat, so habe ich euch geliebt« (Joh 15,9; 17,26).
- »Wie ich im Vater bleibe, so werdet ihr in mir bleiben« (Joh 15,10).
- »Wie du, Vater, in mir bist und ich in dir bin, so sollen auch sie in uns sein« (Joh 17,21).
- »Wie wir eins sind, so sollen sie eins sein, ich in ihnen und du in mir; so sollen sie vollendet sein in der Einheit« (Joh 17,23).

Das wiederholende Vergleichswort *wie (kathos)* weist darauf hin, dass der Glaube an Christus zur gnadenhaften Teilnahme an seiner Erfahrung der Einheit mit dem göttlichen Grund führt. »Jeder, der mit dem Herrn verbunden ist, wird ein Geist mit ihm.« (1 Kor 6,17). Unser Leben vollzieht sich nicht vor Gott, sondern in Gott: im inner-trinitarischen Lebensvorgang. Aus dem einen göttlichen Vatergrund entstehen wir, durch den einen göttlichen Stamm (Sohn) leben wir und in dem einen Strom des Geistes blühen wir.

Wir sind wahrhaft Zweige des göttlichen Baumes (Joh 15,5): Wir sind »Erben Gottes, Miterben Christi« (Röm 8,17). Wir sind »Söhne / Töchter Gottes« (Röm 8,14), »Glieder des Leibes Christi« (1 Kor 12,12). »Wir sind Tropfen des göttlichen Ozeans« (Theresa von Avila), »Flammen des göttlichen Feuers« (Johannes vom Kreuz), »Fünklein Gottes« (Meister Eckhart). So erfassen wir die durch Jesus vermittelte Antwort des Baumes auf die Frage: »Wer bin ich? » In Christus ist Gott Mensch geworden, um das Göttliche im menschlichen Bewusstsein zu erwecken.

Der Geist Christi
stellt die Göttlichkeit
in uns wieder her.

Cyrill v. Alexandrien, PG. 75,1088

Meditation

Sitz: Ich sitze aufrecht und entspannt, wie ein Baum im Göttlichen verwurzelt.

Atem: Ich nehme den von der Wirbelsäule aus den ganzen Leib belebenden Atemstrom wahr.

Begleitbild: Wie der Zweig die ernährende und erneuernde Lebenskraft spürt, so erlebe ich die Verwandlung, die ständig durch den Strom des Heiligen Geistes in mir geschieht.

Übungswort: Mit jedem Atemzug wiederhole ich innerlich: *Eins in dir*. Ich erspüre dabei den Gehalt des Ausdrucks: *Erben Gottes, Miterben Christi* (Röm 8,17).

Das Verbundensein

Der Baum ist ein soziales Gebilde. Der Baum symbolisiert den gesellschaftlichen Zusammenhalt der Menschen. Am Baum ist eine enorme Vielfalt vorhanden, aber auch eine tiefe Einheit. Keine zwei Blätter sind genau gleich an einem Baum, trotzdem bilden sie alle eine biologische Einheit. Ein einziger Lebensstrom verbindet sie alle und belebt sie. Der Baum ist eine Symphonie der Natur. Die Vielfalt respektieren und gleichzeitig die Einheit wahrnehmen – dies ist das Grundprinzip des gesellschaftlichen Zusammenlebens. Die Andersartigkeit des anderen respektieren und gleichzeitig das tief Verbindende zulassen – dies ist die Dynamik der Liebe. Dafür ist der Baum ein tiefes Symbol.

Der Baum ist ein Symbol für das Teilen. Alles, was jedes Blatt durch die Photosynthese als Nahrung herstellt, wird an alle anderen verteilt. Kein Blatt lebt für sich allein. Der Baum ist ein Wesen der ganzheitlichen Großzügigkeit. Der Baum behält gar nichts für sich. Er gibt alles her: Blüten und Früchte, Blätter und Holz, Schutz und Schatten. Der Baum macht deutlich, dass die Grundstruktur des Kosmos Selbsttranszendenz ist, dass die Grundausrichtung des Menschen Selbst-Hingabe ist. Das wahre Leben entfaltet sich wie eine Symphonie.

Mit dem Bild des Weinstocks macht Jesus deutlich, wie wir Menschen miteinander verbunden sein sollen. »Wie der Vater mich geliebt hat, habe ich euch geliebt« (Joh 15,9). »Wie ich euch geliebt habe, sollt ihr einander lieben« (Joh 15,12). Liebe ist ein göttlicher Kraftstrom (Joh 17,26). Wie der Saft des Baumes fließt sie aus dem Wurzelboden des Vaters durch den Sohn im Geist in unsere Herzen herein. Die Liebe, die uns Menschen miteinander verbindet, entspringt eigentlich aus der göttlichen Quelle, die tief in uns verborgen ist. Eine solche Liebe bildet eine sakrale Beziehung. Jeder Mensch wird als Kanal der Gegenwart des göttlichen Geistes angesehen, als Zweig des göttlichen Baumes geachtet (Joh 15,5), als »Tempel Gottes« respektiert (1 Kor 6,19), und als »Sohn / Tochter Gottes« angenommen (Röm 8,14). In einer solchen Beziehung entfaltet sich das vom Geist belebte Gemeinschaftsleben. Die Kirche, die Jesus initiierte, ist das lebendige Symbol dieser sakralen Gemeinschaft. In der Kirche werden wir gegenseitig Sakramente: Vermittler der Gnade Gottes füreinander. Charismen sind Sprache des Geistes. Ämter sind Dienstformen. Grenzen der Kirche erweitern sich mit dem Geist, der weht, wo er will.

Ich bin der Weinstock,
ihr seid die Reben.

Joh 15,5

Meditation

Sitz: Ich sitze aufrecht und entspannt wie ein Baum, innerlich tief verbunden mit allen Wesen.

Atem: Ich atme die Wirbelsäule entlang aufwärts ein und vom Herzzentrum aus in die Hände und Füße aus. Und weiter spüre ich, wie die Lebenskraft über den Leib hinaus nach außen dringt. Ich atme eigentlich durch andere Lebewesen und sie durch mich. In dem einen kosmischen Strom des Lebens sind wir alle miteinander verbunden.

Begleitbild: Wie die Zweige miteinander verbunden sind, so erlebe ich das vom Geist Gottes belebte Verbundensein mit allen Wesen, mit Menschen und Dingen der Natur. In dem einen göttlichen Lebensstrom sind wir alle tief miteinander verbunden. Wir sind Zweige voneinander, füreinander.

Übungswort: In tiefer Verbundenheit mit allem wiederhole ich in jedem Atemzug ein Wort wie *Liebe* oder *Güte* und sinne über den Gehalt des Bildes nach: *Wir sind Zweige voneinander. Wir sind Zweige zueinander.*

Der Quellbrunnen

In den Meditationen geht es nicht darum, dass wir durch die Übung in uns einen besonderen Bewusstseinszustand erzeugen, sondern darum, dass wir uns des tief in uns vorhandenen Heilsgeschehens bewusst werden. Die heilende Gegenwart Gottes ist wie eine verborgene Quelle in uns, die sich wie durch einen Springbrunnen ausgießt. Durch die Übungen lassen wir uns auf den inneren Weg dahin ein, lassen wir den daraus fließenden Strom in uns zu.

Die frühchristlichen Mystiker bezeichneten den trinitarischen Lebensprozess in uns mit dem Bild des Quellbrunnens: Der göttliche Vater ist wie eine verborgene Quelle, die sich in den Brunnen, der der Sohn ist, öffnet und so den Geist als den göttlichen Strom ausgießt. In den Meditationen wächst die Wahrnehmung, »dass aus unserer Leibmitte Ströme des göttlichen Wassers hervorsprudeln« (Joh 38–39).

Da Jesus ausdrücklich von der Leibmitte *(koilia)* sprach, sollen wir die verwandelnde Gegenwart des Geistes leibhaft erspüren. Die Texte des Johannesevangeliums und der Kirchenväter der frühen Jahrhunderte begleiten uns auf diesem inneren Prozess:

1. Mit großem Vertrauen lasse ich mich auf den inneren Weg ein.
2. In tiefer Stille erfahre ich den Vater als die verborgene göttliche Quelle.
3. In Dankbarkeit erkenne ich Christus als den die göttliche Quelle öffnenden Brunnen.
4. In Einheit mit allen Wesen erspüre ich den Geist als den belebenden göttlichen Strom.
5. Mit Freude erlebe ich, wie der Strom des Geistes durch mich hindurchfließt.

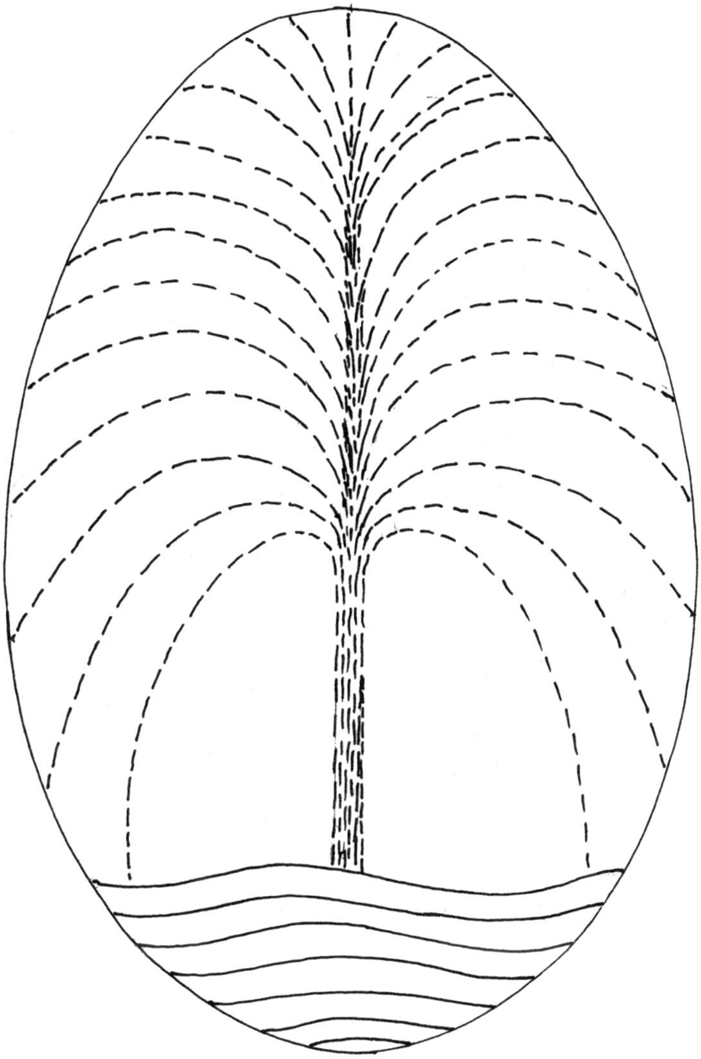

Der Weg in die Tiefe

Geistliches Leben ist ein Prozess der Entdeckung und Verwirklichung des wahren Wesens, das tief in uns in der Gegenwart Gottes verborgen ist. Man könnte es mit dem Brunnenbohren vergleichen. Mit der Gewissheit, dass eine in der Tiefe verborgene Quelle vorhanden ist, lässt man sich auf den schweren Weg ein. Man nimmt die Beschaffenheit der Erde so an, wie sie geworden ist, und setzt sich mutig und hoffnungsvoll dafür ein, den Schatz zu erreichen, der tief im Ackerboden liegt (Mt 13,44).

Der Weg zu dieser inneren Gegenwart Gottes führt uns durch verschiedene Schichten des Bewusstseins. Wenn man einen Brunnen bohren will, muss man die weichen, aber auch die harten Schichten der Erde durchstoßen. Oft erlebt man Widerstände. Aber die Suche nach der verborgenen Wasserader kann so unbeirrbar sein, dass man die Blockaden allmählich überwindet und in die Tiefe gelangt.

Wer sich auf den inneren, geistigen Weg begibt, geht durch die verschiedenen Schichten des Bewusstseins. Er erlebt Momente der Dunkelheit, Phasen der Trockenheit, harte, steinige Schichten des Unterbewusstseins und verwirrende Blockaden. Unterdrückte Aggressionen, unverarbeitete Verletzungen, unerfüllte Bedürfnisse, Suchtneigungen, Schuldgefühle, Neid, Hass, Habgier, und viele derartige negative Kräfte tauchen auf und blockieren den Weg in die Tiefe. Es ist keine Lösung, sie zu verdrängen, aber es hilft auch nicht auf dem inneren Weg, wenn man versucht, sich mit jeder Blockade im Detail auseinander zu setzen. Wenn man beim Brunnenbohren versuchen würde, jeden durchgeschnittenen Stein zu analysieren, käme man kaum in die Tiefe. Psychologie kann helfen, innerpsychische Vorgänge zu erkennen. Aber kein Psychotherapeut kann uns ganzheitlich heilen. Die eigentliche Heilung kommt erst aus der göttlichen Heilsquelle, die tiefer als der psychische Bereich in jedem von uns verborgen liegt. Sich auf diese Quelle einzulassen, sie im Leben zuzulassen, in sie hineinzutauchen und ihrem Strom Raum zu geben – darin entfaltet sich das eigentliche Heil.

Wer an seinem Leben festhält,
verliert es;
wer es loslässt,
wird es bewahren
zum göttlichen Leben.

Joh 12,25

Meditation

Sitz: Ich sitze aufrecht und entspannt und spüre deutlich die Verankerung in der Erde.

Atem: Mit bewusstem Atmen komme ich zu einer leibhaften Stille.

Begleitbild: In dieser Stille stelle ich mir meinen geistigen Weg vor wie den Vorgang des Brunnenbohrens durch die harten Erdschichten hindurch. Ich erspüre den Widerstand in den unterschiedlichen Schichten meiner Psyche: die mich blockierenden Kräfte, unverarbeitete Emotionen, verwirrende Gedanken, belastende Schuldgefühle, lebensverneinende Neigungen, Ängste, Süchte ... Ich nehme sie alle einfach wahr, ohne nach den Ursachen zu fragen oder Schuldgefühle wachzurufen. Ich nehme mich demütig an, wie ich geworden bin und begebe mich vertrauensvoll auf den Weg der Verwandlung.

Übungswort: Ich ahne, was es bedeutet: *Tiefer kann ich nicht fallen als auf den göttlichen Quellgrund, aus dem ich komme.*

Der Vater als die verborgene Quelle

Das Brunnenbohren unseres Bewusstseins dauert so lange, bis wir die Gegenwart des Göttlichen als die innere verborgene Quelle in uns erahnen können. Eine Quelle sehen wir nicht, wenn wir auf der Erde stehen. Aber wir wissen, dass tiefe, Leben spendende Quellen die Wasseradern der Mutter Erde ständig speisen. Ohne sie würden wir nicht leben, würden die Pflanzen nicht wachsen, würde die Erde keinen Saft der Fruchtbarkeit hervorbringen. Quelle ist eigentlich nicht ein Objekt, das wir besitzen können, sondern das Subjekt, das wir wahrnehmen dürfen, denn aus ihr entfalten sich die Lebensadern.

So hat Jesus Gott in seiner Tiefe erfahren: »Ich komme aus dem Vater hervor« (Joh 16,28). »Ich lebe durch den Vater« (Joh 6,57). »Wie der Vater das Leben in sich hat, so hat er auch dem Sohn gegeben, das Leben in sich zu haben« (Joh 5,26). Jesus hat den Vater als die gebärende Lebensquelle in sich erfahren: Der Sohn ist geboren »aus der Quelle, die der Vater ist« (Origenes, Joh 3,5).[17]

»Der Vater hat mich ausgesandt« (Joh 10,36). Der Jesus aussendende Vater ist nicht außerhalb von ihm, sondern in ihm (Joh 8,29; 10,38; 14,10 und 20). Wie ein Brunnen das Ausströmen der verborgenen Quelle erfährt, so hat Jesus Gott, den er Vater nannte, erfahren. Der Vater ist das göttliche Woraus im Bewusstsein Jesu. Der Vater ist der gebärende, nährende, bewahrende Mutterboden des Göttlichen. Der Sohn ruht an der nährenden Brust seines (göttlich-mütterlichen) Vaters (Joh 1,18). Der Vater ist der Quellgrund des Sohnes.

Und Jesus wollte, dass wir, die wir an ihn glauben, genauso *(kathos)* die Gegenwart Gottes in uns erfahren, wie er sie erfahren hat. »Wie mich der Vater ausgesandt hat, so sende ich euch« (Joh 17,18). Wir sollen zu der inneren Erfahrung gelangen, dass wir in Christus aus der göttlichen Quelle genährt werden. Darum betete Jesus: »Vater, die Liebe, mit der du mich geliebt hast, soll in ihnen sein; ich habe ihnen die Herrlichkeit gegeben, die du mir gegeben hast; und ich will, dass sie alle dort bei mir sind, wo ich bin« (frei nach Joh 17, 26.22.24).

Der Sohn geht aus dem Vater hervor,
wie der Fluss aus der Quelle.

Hippolitus, PG. 10,817

Meditation

Sitz: Ich sitze aufrecht und entspannt, in der Erde verankert.

Atem: Mit jedem Atemzug erspüre ich intensiv den Strom der Lebenskraft in Bauch- und Beckenraum.

Begleitbild: In der leibhaften Stille nehme ich die Leibmitte wahr. Dort vergegenwärtige ich mir eine lebendige Quelle, die hervorsprudelt. Sie gießt sich ständig als Strom der Liebe aus. Mit jedem Einatmen spüre ich in diese Quelle hinein und mit dem Ausatmen erlebe ich den sprudelnden Strom, der den ganzen Leib durchflutet. Ich erlebe Gottes Gegenwart wie eine verborgene Quelle in mir.

Übungswort: Ich besinne mich auf den Gehalt des Wortes: *Der Vater ist die Quelle des Lebens* (Joh 5,26).

Christus als der Brunnen

Die verborgene göttliche Quelle öffnet sich in vielfältigen Formen und gießt sich in verschiedenen Heilsgestalten und Heilsmomenten der Menschheitsgeschichte aus. Aus solchen entscheidenden Heilsmomenten *(Kairoi)* der Selbstausgießung des Göttlichen entstehen die großen Religionen. Der Heilsbringer wird als Brunnen des Heils verstanden und verehrt.

Wir Christen haben in Jesus Christus die Öffnung der verborgenen göttlichen Heilsquelle erfahren. Die göttliche Quelle, die Jesus Vater nannte, gießt sich in und durch den Sohn aus. Der Sohn ist das Selbst-Herausfließen des göttlichen Mutterbodens, das Selbst-Heraustreten des Vatergrundes. Der Sohn öffnet die verborgene Lebensquelle des Göttlichen. Gott-in-sich *(Entstasis)* ist der Vater; Gott-außer-sich *(Ekstasis)* ist der Sohn.

Diese inner-trinitarische Selbstausgießung des Göttlichen in die Welt haben wir in Jesus Christus erkannt. Wie der Wasserstrahl eines Springbrunnens, so lebte er unter uns aus der Quelle des Göttlichen. Mit diesem Quellenbewusstsein lädt Jesus uns zu sich ein: »Wer Durst hat, komme zu mir und trinke« (Joh 7,37). Jesus stellt sich als den göttlichen Brunnen dar: »Wer von dem Wasser trinkt, das ich ihm gebe, wird niemals mehr Durst haben« (Joh 4,14). Jesus spricht mit dem Wissen, dass die göttliche Quelle sich durch ihn aufgetan hat. »Ich lebe aus dem Vater, durch den Vater, im Vater« (Joh 5,26; 6,57; 8,29; 14,11).

Jesus zeigte sich als der Weg zur Heilsquelle (Joh 14,6), als das Leben, das aus der göttlichen Quelle hervorfließt (Joh 5,26). Darum konnte Petrus den Glauben der Urgemeinde ekstatisch ausdrücken: »Du bist der Sohn des lebendigen Gottes« In anderen Worten: Du bist das Ausfließen der verborgenen göttlichen Heilsquelle (Mt 16,16). Als Jünger Jesu nehmen wir ihn als den Brunnen, der uns zur Quelle des göttlichen Geistes führt, denn »die Liebe Gottes ist ausgegossen in unsere Herzen durch den Geist Christi« (Röm 5,6). Christus ist der aus der Verborgenheit des Göttlichen heraus in die Gegenwart, in unsere Mitte hinein sich öffnende göttliche Brunnen. Auf unserem inneren Weg können wir uns auf diesen Brunnen verlassen. Sonst suchen wir anderswo Heilsquellen, ohne zu wissen, dass sie oft Zisternen sind, die keine göttliche Tiefe haben.

Gott hat das Wort
hervorgebracht,
wie die Quelle
den Strom hervorbringt.

Tertullian, Adv. Prax. 4

Meditation

Sitz: Ich sitze aufrecht und entspannt und komme zur leibhaften Stille.

Atem: Mit jedem Atemzug nehme ich den in der Wirbelsäule aufwärts und abwärts fließenden Lebensstrom wahr.

Begleitbild: Ich erlebe die Gegenwart Gottes, die sich wie ein Brunnen in meiner Leibmitte öffnet, die wie der Wasserstrahl eines Springbrunnens in mir aufsteigt. Darin erkenne ich die heilende und belebende Gegenwart Christi in mir. Ich lasse meine inneren Blockaden von diesem Strom auflösen und verwandeln. Bei jedem Ausatmen spüre ich, wie dieser Heilsstrom in den ganzen Leib einfließt.

Übungswort: Mit jedem Atem wiederhole ich den Namen Jesu und erspüre dabei innerlich die heilende Kraft der Einladung Christi: *Wer durstig ist, komme zu mir und trinke* (Joh 7,37).

Der Geist als Strom

Gottes Gegenwart in unserer Tiefe ist wie eine aus sich herausströmende Quelle. Aus der verborgenen Quelle, die der Vater ist, öffnet sich der Sohn als Brunnen und gießt sich der Geist aus. Der Geist ist die Dynamik, die die verborgene göttliche Quelle aktiviert, und die Kraft, die die Quelle zu einem gebärenden Mutterboden macht. Der Geist lässt den Sohn wie einen Springbrunnen aus der göttlichen Quelle hervorkommen. Im Geist gebiert der Vater den Sohn. Der Geist ist die *Ekstasis* im Göttlichen, denn der Vater ergießt sich in den Sohn im Geist. Der Geist bringt die *Perichorese* hervor: die Durchdringung von Vater und Sohn. Der Geist ist gleichzeitig die verbindende und die hinaustreibende Kraft, die Energie der göttlichen Fruchtbarkeit, die weibliche Dimension im Göttlichen, die gebärende, belebende, bewahrende Mütterlichkeit im Göttlichen.

Das Wasser ist in der Bibel durchgehend ein Grundsymbol für den göttlichen Geist. Die Gegenwart des Geistes ist wie »eine nie versiegende Quelle« (Jes 58,11), wie »der Quell des lebendigen Wassers« (Jer 2,13), wie »die Quelle des Lebens« (Ps 36,10). Der Geist ist der göttliche Lebensstrom, der sich aus dem Vater zum Sohn hin ergießt und der weiter als Liebesstrom durch den Sohn in unsere Herzen einfließt. So sind wir alle »mit dem einen Geist getränkt« (1 Kor 12,13).

Jesus erfuhr das Göttliche nicht als eine in sich ruhende Wirklichkeit, sondern als den sich ständig ausgießenden Lebensstrom. Sein ganzes Sein in Worten und Werken war das Herausströmen des Geistes Gottes. So hat er die geistig Durstigen zu sich eingeladen: »Kommt zu mir und trinkt!« Man wird dabei das Ausströmen des göttlichen Geistes aus der Seinsmitte erleben (Joh 7,37–39). Die Verwandlung des Bewusstseins in Christo ist wie eine Neugeburt aus Wasser und Geist (Joh 3,5).

Durch den heiligen Geist
ist die Liebe Gottes
in unsere Herzen ausgegossen.

Röm 5,5

Meditation

Sitz: Ich sitze aufrecht und entspannt und komme zur leibhaften Stille.

Atem: Mit jedem Einatmen spüre ich den durch die Wirbelsäule aufsteigenden Atemstrom, mit jedem Ausatmen den Strom, der vom Herzzentrum aus in die Hände und Füße einfließt.

Begleitbild: Ich nehme die Leben spendende Gegenwart des göttlichen Geistes in mir wahr wie einen aus sich heraussprudelnden Strom. Gottes Quelle öffnet sich in mir; Gottes Atem atmet in mir; Gottes Geist belebt mich. So bin ich selber zu einem Springbrunnen des Geistes geworden.

Übungswort: Mit jedem Ausatmen summe ich OM und erlebe dabei den Gehalt des Wortes: *Aus dir werden Ströme des Geistes fließen* (Joh 7,39).

Wir sind Kanäle des göttlichen Wassers

Wenn wir uns der verborgenen Quelle des Vaters in der Tiefe des Bewusstseins öffnen, aus dem Brunnen Christi trinken, den Strom des göttlichen Geistes in uns einlassen, werden wir die belebende, erfrischende und verwandelnde Kraft des Geistes erfahren. Wir werden vom Wasser des Heiligen Geistes getränkt. So werden wir selber zu Kanälen der göttlichen Liebe in der Welt. In uns und durch uns wird der Geist Gottes in der Welt wirksam. Unsere Worte und Werke werden den Menschen Gottes Nähe vermitteln. Unsere Gedanken und Gefühle werden durchlässig für die Gegenwart Gottes. Durch unser Dasein machen wir Gott gegenwärtig in der Welt. Unsere Liebe wird das Sakrament der Liebe Gottes sein, und unser ganzes Leben ein Ausfließen der göttlichen Barmherzigkeit in die Welt. »Wenn wir uns von Gottes Geist leiten lassen, dann sind wir Söhne / Töchter Gottes, Erben Gottes und Miterben Christi« (Röm 8,17).

Das Symbol des Stroms hat einen noch tieferen Sinn. Jesus sprach: »Wer aus mir trinkt, aus seinem Inneren werden Ströme des lebendigen Wassers fließen« (Joh 7,38). Der griechische Ausdruck *ek tes koilias* bedeutet wörtlich: aus seiner Leibmitte, aus der Gebärmutter. Darum deuten die Mystiker diesen Vorgang so: Wer vom Geist Christi befruchtet wird, wird vom Geist schwanger und gebiert den Geist in die Welt. So gebiert sich Gott in uns und durch uns. Wir sind berufen, Kinder Gottes zu sein (1 Joh 2,29), aber auch Mütter Gottes zu werden. »Ich gebäre den, von dem ich geboren bin« (Eckhart). Die Kirchenväter Origenes und Tertullian sprachen von der Gottesgeburt im Menschen.[18] Wer mit dem Geist Christi getränkt wird, ist »ein Geist mit ihm« (1 Kor 6,17). Dadurch bekommt unser Leben einen göttlichen Sinn. Der Glaube an Christus verwandelt uns zu Vermittlern des heilenden Stromes des Geistes, zu Kanälen des göttlichen Lebens, zu Medien der Gnade Gottes, zu Wegen der Liebe Gottes, zu Werkzeugen des Reiches Gottes. »In Christus wohnt die ganze Fülle des göttlichen Lebens; durch ihn sind auch wir von diesem Leben erfüllt« (Kol 2,9–10). In tiefer Selbsterkenntnis erfahren wir: In unserem wahren Wesen sind wir göttlich.

Dies alles bedeutet aber auch eine große Verantwortung. Wir sind berufen, bei der Neugestaltung der Welt durch den Geist Christi mitzuwirken. Gott hat nur unsere Hände, die Welt zu heilen. Unser Einsatz für Gerechtigkeit und Umweltschutz, unsere Werke der Barmherzigkeit und des Friedens, unser liebevoller Umgang in der Familie oder Nachbarschaft – all das trägt dazu bei, dass Gottes Geist die neue Schöpfung hervorbringt. In uns und durch uns nimmt das Reich Gottes Gestalt an.

Im innersten Quell,
da quelle ich aus
im Heiligen Geist.

Eckhart[19]

Meditation

Sitz: Ich sitze aufrecht und entspannt und komme zu einer tiefen leibhaften Stille.

Atem: Ich atme die Wirbelsäule entlang aufwärts ein und vom Herzzentrum aus in die Hände und Füße aus. Und weiter spüre ich, wie die Lebenskraft über den Leib hinaus nach außen dringt.

Begleitbild: Ich empfinde mich wie einen Strom, der aus der göttlichen Quelle hervorfließt. Gottes Geist, der wie ein Springbrunnen die göttliche Quelle öffnet, macht mich zum Strom seines Lebens. Durch mich fließt die verwandelnde Kraft des Geistes nach außen. Dankbar erspüre ich die Durchlässigkeit zum göttlichen Leben.

Übungswort: Mit jedem Ausatmen summe ich OM und erlebe dabei den Gehalt des Wortes: *In mir öffnet sich die Quelle des göttlichen Lebens* (Joh 4,14).

Das Licht

In allen Religionen taucht das Licht als ein universales Symbol auf, um die Gegenwart Gottes in uns und um uns zu verdeutlichen. »Aus der Finsternis führe mich ins Licht« – dieses Gebet der upanishadischen Seher (Brih. Up. 1,3,28) artikuliert die Grundsehnsucht des Menschen nach dem befreienden göttlichen Licht. In den Meditationen könnte man erfahren, dass das göttliche Licht von innen her erstrahlt und das Bewusstsein erleuchtet. Diese Erfahrung ist allerdings eine Gnade. Aber durch die Übung kann man sich auf den Lichtweg einlassen.

Im Bereich der *buddhi* schimmert in jedem Menschen das Licht Gottes, denn jeder Mensch entsteht aus der göttlichen Lichtquelle. Aber durch die dunklen Orte und die finsteren Kräfte in uns kommt dieses Licht oft nicht zutage. Auf dem spirituellen Weg begegnet dem Übenden der göttliche Lichtträger, Christus. Durch die Meditationen öffnen wir unser Herz hin auf das Licht Christi, das dann unser Bewusstsein durchleuchtet und unser Sein durchlichtet. Die Einladung Jesu, Kinder des Lichtes zu werden, begleitet uns bei diesen Übungen.

1. Ich nehme mich mit meinen Schattenseiten ganz an.
2. Ich erspüre den in der *buddhi* leuchtenden Lichtstrahl Gottes.
3. Ich erkenne Christus in mir als das Erstrahlen des göttlichen Lichtes.
4. Ich nehme mich als vom göttlichen Licht durchleuchtetes Wesen wahr.
5. Ich betrachte die Welt in Gottes Licht.

Die Schatten spüren

Der Weg nach innen ist letztlich ein Weg zum Licht, zum wahren Licht, das tief in uns verborgen liegt. Der Weg dorthin führt einerseits durch lichtvolle Erfahrungen; er konfrontiert uns aber auch mit bedrückenden Schattenseiten. Unsere negativen Erlebnisse sind tief in unserem Unterbewusstsein gespeichert und hinterlassen ihre Spuren in unserer Psyche. Wenn wir ehrlich in den inneren Dschungel schauen, erkennen wir dunkle Orte und Höhlen der Finsternis. Beängstigende Faktoren und bedrohende Kräfte sind darin vorhanden. Einige davon prägen unseren Umgang mit Menschen und Dingen im Alltag. Andere melden sich in Traumsymbolen. So werden bestimmte Grundmuster des Verhaltens geformt, die sich dann darin zeigen, dass wir oft zornig werden, aggressiv sind, depressive Neigungen haben, alles negativ sehen, verurteilende Haltungen entwickeln oder Vorurteile aufbauen. Wir empfinden in uns eine Verweigerung zum Verzeihen, einen Mangel an Grundvertrauen und daher eine gewisse Bindungsunfähigkeit.

Das Ich fühlt sich vom Du entfremdet, eingeengt, verängstigt und bedroht. Die Konsequenz ist: Man zieht sich in die Isolation zurück. Das tiefste Leiden des Menschen ist Vereinsamung. Denn Vereinsamung nimmt jeden Lebensmut. Schuldgefühle werden dominant. Je mehr wir versuchen, sie durch Konsum, Alkohol, Drogen oder Promiskuität zu verdrängen, umso schlimmer wird die Lage der inneren Finsternis.

Es hat keinen Sinn, diesen unheilvollen Zustand in unseren tiefen Schichten verdrängen zu wollen. Wir sollten ihm vielmehr ins Auge schauen und bejahen, dass es in uns finstere Schichten gibt. Wir dürfen auch die lichtvollen Seiten unseres Werdeganges mit Dankbarkeit und Freude wahrnehmen. Wer seine eigene Vergangenheit bejaht, sagt Ja zur eigenen Zukunft. Die Meister der Religionen zeigen uns, wie wichtig es ist, auf dem inneren, geistigen Weg sich auch dieser bedrückenden Schattenseiten anzunehmen und verantwortungsvoll zu ihnen zu stehen. Dies können wir nur mit einem Grundvertrauen in den liebenden Gott, von dessen Händen wir immer geführt werden: Ich darf mich annehmen, so wie ich von Gott angenommen bin. Dann werde ich innerlich fähig, über meine Schatten hinaus ins Licht zu schauen.

Suchst du inneren Frieden,
dann frage dich immer wieder:
Wer bin ich?

Abba Poemen[20]

Meditation

Sitz: Ich sitze aufrecht und entspannt, wenn möglich in einem verdunkelten Raum. Ich nehme die äußere Finsternis in Gelassenheit wahr und komme in eine tiefe, leibhafte Stille.

Besinnung: In dem inneren Raum der Stille schaue ich meine Biografie kurz an. Ich nehme die Schattenseiten ehrlich wahr. Was bedrückt mich? Was beunruhigt mich? Was macht meinen Umgang schwer für andere Menschen? Was erzeugt in mir Angst vor der Zukunft? Wo sind die ungeheilten Wunden und die unbewältigten Verletzungen in mir? Ich schaue mich an, wie ich geworden bin.

Übungswort: Mit Vertrauen wiederhole ich bei jedem Atemzug eine Bitte wie: *Führe mich ins Licht* (Brih. Up. 1,3,28).

Das Licht in mir wahrnehmen

Auf dem geistigen Pilgerweg kommen wir zum inneren Licht im Bereich der intuitiven Wahrnehmung *(buddhi)*. Es ist das innere Licht, das uns die göttliche Gegenwart erleben lässt. Es ist das Licht der Innenschau, der Einsicht. Mystiker und Meister aller Religionen sprechen von diesem »Fünklein«, das tief in jedem Menschen erstrahlt.

In den Upanishaden wird es als das »göttliche Licht in der Höhle des Herzens« bezeichnet (Kath. Up. 1,1,14). In der Bhagavad Gita ist es »das Licht der Lichter, verborgen im Herzen aller Wesen« (13,17). In Gautama Siddharta ist dieses Buddhi-Licht erstrahlt, deshalb wird er Buddha, der Erleuchtete, genannt. Die christlichen Mystiker nennen es »das innere Licht« (Augustinus), »das Fünklein in uns« (Eckhart), »das ungeschaffene Licht« (Dionysius Areopagita), »die Flamme der Liebe« (Johannes vom Kreuz). Der Islam bezeichnet es als »das Licht in der Nische des Herzens« (Koran, 24,35). Ein anderes Bild für das Organ der Innenschau ist das Auge: »das göttliche Auge« (Bhag. Gita), »das dritte Auge« (Hindu Saiviten / Richard von St. Viktor), »das Auge des Glaubens« (Thomas von Aquin).

Jesus verwendete diese beiden Bilder: »Wenn dein Auge gesund ist, dann wird dein Leib ganz hell sein. Wenn dein ganzer Leib von Licht erfüllt ist, dann wird er so hell sein, wie wenn die Lampe dich mit ihrem Schein beleuchtet« (Lk 11,34–36).

Wenn das innere Licht aufgeht, das innere Auge geöffnet wird, sehen wir alles neu. Wir sehen alles mit dem göttlichen Auge, im göttlichen Licht. Dies ist allerdings eine Erfahrung der Gnade. Der Mensch kann von sich aus dieses Licht nicht anzünden. Er kann nur darauf warten und sich dafür öffnen. In einem begnadeten Moment geht das Licht auf. Solche Momente erleben wir zuweilen in unserem Leben, und sie tragen uns.

Dieses innere Licht wird nie erlöschen. Leider kommt es oftmals wenig zum Erstrahlen. Darum haben wir Mühe, mit Vertrauen unser wahres Selbst anzunehmen und unsere Welt mit dem Auge des göttlichen Lichtes anzusehen. Durch die Meditation können wir uns für das Erstrahlen dieses Lichtes sensibler machen. Je mehr wir uns dieses inneren, göttlichen Lichtes bewusst werden, desto leichter können wir unsere Schatten annehmen und über das Finstere hinaus alles im Licht Gottes neu sehen.

Lass nicht das Licht
in dir zur Finsternis
werden.

Lk 11,35

Meditation

Sitz: Ich sitze aufrecht und entspannt in einem verdunkelten Raum vor einer brennenden Kerze / Öllampe. Ich komme zunächst zu einer leibhaften Stille.

Begleitbild: Ich versuche dann, mir eine Flamme im inneren Raum der Stille zu vergegenwärtigen. Die Flamme der Kerze vor mir könnte dafür eine Hilfe sein. Das innere Licht hat seinen Ursprung in der verborgenen Lichtquelle Gottes. Ich lasse das Licht ganz im inneren Raum aufleuchten und alles erhellen. Alles, was ich als Schattenseiten in mir wahrnehme, schaue ich in diesem inneren Licht an. Ich erspüre, wie die inneren Räume durchlichtet werden.

Übungswort: Mit jedem Atemzug lasse ich mich auf das Wort ein: *Dein Leib wird ganz voll Licht sein* (Lk 11,36).

Christus als Licht erfahren

Aus der Lichtquelle des Göttlichen strahlt das Licht in die Welt. Die Schöpfung ist ein Sich-selbst-Ausgießen des göttlichen Lichtes. Die ganze Schöpfung ist ein Schwingungsfeld unsichtbaren Lichtes. Nur ein winziger Bereich ist für unser äußeres Auge wahrnehmbar. Aus diesem Feld gestalten sich alle Welten, Formen und Wesen durch den schöpferischen Logos Gottes: Es werde ... Durch dieses schöpferische Wort Gottes ist alles geworden. Es ist der Urton, der alles in Schwingung bringt, durch den das ganze Universum bewegt wird, seine Form erhält und in Erscheinung tritt. Es ist der Geist Gottes, das Licht, in dem alles erschaffen ist und seinen Bestand hat.

Gottes Licht durchstrahlt auch die dunklen Räume des menschlichen Bewusstseins und bringt Heil hervor. Licht ist auch ein Ursymbol, das in allen Religionen und Kulturen die Heil bringende Nähe Gottes darstellt. Darum gibt es in den Religionen die farbenreichsten Darstellungen von durchlichteten Wesen, von Göttern und Gnadenvermittlern, die die Menschen zum Licht führen sollen.

Wir Christen erfahren dieses Erstrahlen des göttlichen Lichtes aus der Seinstiefe in Jesus Christus. Das wahre Licht, das jeden Menschen erleuchtet, kam in die Welt (Joh 1,9; 3,19; 12,46). Jesus lebte in einem lichtvollen Gottes-Bewusstsein. Darum konnte er sagen: »Ich bin das Licht der Welt. Wer mir nachfolgt, wird nicht in Finsternis wandeln. Er wird vielmehr das Licht des Lebens haben« (Joh 8,12). Im Licht Christi dürfen wir in das Mysterium Gottes hineinschauen und erkennen, wer Gott ist – Lichtfülle – und wer wir wesenhaft sind – Lichtträger!

Das Erstrahlen des Lichtes Gottes in Christus ist nicht einfach ein Ereignis der Vergangenheit, sondern es geschieht im Hier und Jetzt als Heil bringende Erkenntnis Gottes. Christus begegnet uns aus der lichtvollen Tiefe unseres Seins, der inneren Herzenskammer. So ist uns Christus die heilende Nähe des göttlichen Lichtes in allen Bereichen des Lebens. Er ist Emmanuel, Gott mit uns, Gottes Licht in unserem Leben. »Wach auf, und erkenne Christus als dein Licht« (Eph 5,14). Sein Licht erleuchtet unsere Wege. Die Erfahrung seiner lichtvollen Gegenwart ist eine Gnade aber auch eine Herausforderung, in seinem Licht neu zu wandeln (1 Joh 1,7).

Ich bin das Licht
der Welt.

Joh 8,12

Meditation

Sitz: Ich sitze aufrecht und entspannt. Als Einstieg in die Meditation kann es eine Hilfe sein, hinter die brennende Kerze/Öllampe ein Christusbild oder Kreuz zu stellen und davor zu sitzen.

Wahrnehmung: Ich schaue das Antlitz Christi im schimmernden Licht an und lasse es tief auf mich wirken. Ich versuche dann, die heilende und leuchtende Gegenwart Christi in mir als aufsteigendes Licht zu erfassen.

Atem: Mit jedem Einatmen spüre ich entlang der Wirbelsäule den aufsteigenden Lichtstrom Christi und mit jedem Ausatmen spüre ich, wie dieses Licht vom Stirnzentrum aus in meinen Leib hineinstrahlt.

Übungswort: Mit jedem Atemzug wiederhole ich achtsam den Namen Jesu. So verweile ich in der inneren Gegenwart des Lichtes Christi.

Sich als Lichtstrahl erleben

Die Erfahrung vom Aufstrahlen des Lichtes aus dem göttlichen Seinsgrund macht uns Menschen durchlässig für dieses Licht. Wir erkennen, dass wir Strahlen des göttlichen Lichtes sind. »Ich bin Licht!«, ruft der Erleuchtete aus (Maha. Up. 440). In jeder Religion wird diese Zusage des Durchlichtetwerdens vermittelt.

Aus dem tiefen, göttlichen Lichtbewusstsein heraus hat Jesus sich als »Licht der Welt« bezeichnet (Joh 8,12). Jesus wollte, dass wir an seiner Lichterfahrung teilhaben: »Ihr seid das Licht der Welt. Als Licht soll euer Licht vor den Menschen leuchten« (Mt 5,14–16). Christus macht uns zu lichtvollen Menschen, damit wir als Kinder des Lichtes leben dürfen (Joh 12,36; Eph 5,8). Wenn Christus das Heraustreten des Lichtes aus dem göttlichen Seinsgrund ist, sind wir die Strahlen des Lichtes, das er ist. Wir sind »Söhne / Töchter des Lichtes« (Joh 12,36). Gottes strahlende Gegenwart, die sich in Christus manifestiert hat, strahlt durch uns hindurch. Wir sind Flammen des göttlichen Feuers, das durch Christus angezündet worden ist. Christus ist das göttliche Licht, woraus wir erstrahlen, wodurch wir ausstrahlen und worin wir leuchten. »Wach auf, und erkenne, dass Christus unser Licht ist« (Eph 5,14). In Christus sind wir selber göttliches Licht, denn wir werden von der ganzen Fülle Gottes erfüllt (Eph 3,19). Wir sind göttlich!

In diesem erleuchteten Bewusstsein können wir unser Leben ganz neu gestalten. Allein auf uns gestellt kommen wir nicht zurecht mit den negativen Kräften des Lebens und mit den dunklen Seiten der Psyche. Wir können von uns aus weder unsere Schuldgefühle bewältigen noch Ängste überwinden oder uns aus der Vereinsamung befreien. Wenn wir aber im Lichte Christi die Schattenseiten unseres Lebens anzuschauen vermögen, können wir darin die verwandelnde Wirkung des Geistes Christi erkennen, der uns hilft, das Dunkle in Licht zu verwandeln. »Einst waren wir Finsternis, jetzt aber sind wir durch Christus Licht geworden« (Eph 5,8). Gerade dort, wo unsere Kraft am Ende ist, erstrahlt das Licht Christi. Wir müssen es nur zulassen und entsprechende Konsequenzen in unserem Leben ziehen. Das Wandeln im Licht Christi heißt, das eigene Leben nach der Heilsbotschaft Jesu umzugestalten. Dann wird unser Leben lichtvoller und froher, denn »wir gehören nicht der Kraft der Finsternis« (1 Thess 5,5).

Ihr seid das Licht
der Welt.

Mt 5,14

Meditation

Sitz: Ich sitze aufrecht und entspannt in einem erhellten Raum. Ich komme zu einer leibhaften und wachen Stille.

Wahrnehmung: Im inneren Raum der Stille erspüre ich das erstrahlende Licht Christi. Ich empfinde mein wahres Selbst als vom Lichtstrahl Christi durchleuchtetes Wesen wie einen Kristall, der vom Sonnenlicht durchdrungen ist. Dieser von Christus ausgehende Lichtstrahl erhellt die finsteren Bereiche des psychischen Dschungels. Ich versuche die in diesem Vorgang fließende Gnade zu erfassen und den Ruf zur Umkehr ernst zu nehmen.

Übungswort: Mit Freude wiederhole ich ein Bildwort wie: *Ich bin Licht / Ich bin Kind des Lichtes / Ich bin göttliches Licht.*

Die Welt im Licht Gottes betrachten

Wenn das innere Licht aufgeht, sehen wir die Welt im Licht Gottes. Wenn das innere Auge kraft der Gnade geöffnet wird, schauen wir die Welt in ihrer sakralen Ganzheit. Wir können eine universelle Theophanie wahrnehmen: Gott als Licht durchdringt die ganze Schöpfung. »Alles leuchtet nach dem göttlichen Lichtprinzip« (Mund. Up. 2,2,11).

Wenn wir den Durchbruch des göttlichen Lichtes in Christus wahrnehmen, erstrahlt alles in seinem Licht. Alles wird zu einer universellen Christophanie. In ihm und durch ihn wird uns Gottes Licht und Liebe erfahrbar. In jedem Atom schwingt die Kraft Christi, in jeder Lebenszelle pulsiert das Leben Christi. In den Dingen der Natur und in den Formen der Kultur nehmen wir die Geburtswehen der neuen Schöpfung in Christus wahr (Röm 8,22). » Alles wird mit Gott durch Christus in Einklang gebracht« (Kol 1,20). Die ganze Schöpfung ist auf Christus, das Omega, hin ausgerichtet. Und »am Ende wird Gott alles in allem sein« (1 Kor 15,28).

Wenn wir die Ereignisse unseres Lebens im Lichte Christi deuten, wenn wir Menschen in der Gesinnung Christi begegnen, wenn wir die Probleme der Welt im Licht des Evangeliums bewältigen, wenn wir unsere eigene Zukunft und die Zukunft der Welt im Hinblick auf Gottes Reich gestalten, dann gewinnt das Leben eine neue Qualität und Sinnweite. Dann werden unsere Beziehungen transparenter und unser Einsatz kreativer. Dann lassen wir dem Geist Christi in uns und um uns Raum, damit er unser Leben, unsere Welt, verwandelt. Wenn wir uns vom Geist Christi leiten lassen, sind wir befreite Menschen (Gal 5,1.16), »eine neue Schöpfung« (2 Kor 5,17).

Ein dementsprechender Lebensstil wird von einer nach innen wachsenden Freiheit und nach außen wirkenden Barmherzigkeit gekennzeichnet sein (Gal 5,1.14). Innere Freiheit bewirkt einen einfacheren Lebensstil. Je geringer die Besitzgier, umso größer ist die innere Freiheit und Freude. Wer im Lichte Christi mit den Dingen umgeht, wird an nichts krampfhaft festhalten. Im Licht Christi erkennen wir die Gegenwart Christi in den Menschen, besonders in den Armen und Leidenden. Barmherzigkeit ist das Kennzeichen eines von Gott durchlichteten Lebens.

Wer liebt,
lebt in Gottes Licht.

1 Joh 1,7

Meditation

Gehen: Diese Übung könnte draußen in der Natur gemacht werden. Zunächst halte ich kurz inne, um das aus der Tiefe erstrahlende Licht Christi leibhaft wahrzunehmen.

Wahrnehmung: Kraft dieses inneren Lichtes schaue ich nach außen. Im Sonnenlicht erspüre ich die Schwingung des Lichtes Christi. Alles ist durch ihn, in ihm und auf ihn hin erschaffen. Im meditativen Gehen erlebe ich die Dinge der Natur im Kraftfeld des Lichtes Christi. Ich empfinde, wie alles vom göttlichen Licht durchleuchtet wird.

Übungswort: Mit jedem Schritt, mit jedem Blick, mit jedem Atemzug lasse ich den Gehalt der Formel auf mich wirken: *Gott in allem sehen und alles in Gott sehen.* Oder ich wiederhole:*īsāvāsyamidam sarvam (Dies alles ist von Gott durchdrungen.* Isa Up. 1).

Weg nach außen

Der Weg

Der geistliche Weg ist ein Weg nach innen und zugleich ein Weg nach außen. Der Gott, der den Übenden zur Erfahrung der inneren Einheit begleitet, ist der Gott, der ihm auch auf den Wegen des täglichen Lebens draußen begegnet. Den Spuren Gottes nachgehen – darum geht es im geistlichen Leben.

Drei Grundaspekte der Gegenwart Gottes in der Welt werden in dieser Übungsreihe angesprochen:

- Gott geht mit uns auf unseren Wegen des Leidens sowie der schöpferischen Tätigkeit,
- Gottes Geist führt unser Leben in das göttliche Leben ein,
- der Geist verwandelt den Kosmos zu einer neuen Schöpfung.

Diese Meditationsreihe ist entworfen, um dem Übenden zu helfen, den tieferen Sinn der Glaubenserfahrung zu erleben: Gott ist mit uns unterwegs (Emanuel). Man erfährt die Gnade der Vergöttlichung des Menschen durch den Geist und erkennt den Auftrag, mit diesem Geist an der Verwandlung der Welt mitzuarbeiten. Der Einsatz aus der göttlichen Mitte verleiht dem Säkularen einen sakralen Sinn.

1. Ich nehme den gegenwärtigen Leidensweg meines Lebens ehrlich wahr.
2. Kraft des Glaubens an den gekreuzigten Christus erkenne ich, wie Gott auf meinem Leidensweg mit mir geht.
3. Kraft des Glaubens an den auferstandenen Christus erlebe ich, wie Gott die gestaltende Kraft meines Lebens ist.
4. In tiefer Stille erspüre ich die Vergöttlichung meines wahren Wesens durch den göttlichen Geist.
5. Verbunden mit allen Wesen erfahre ich meinen Einsatz als Anteilnahme an der neuen Schöpfung des Geistes.

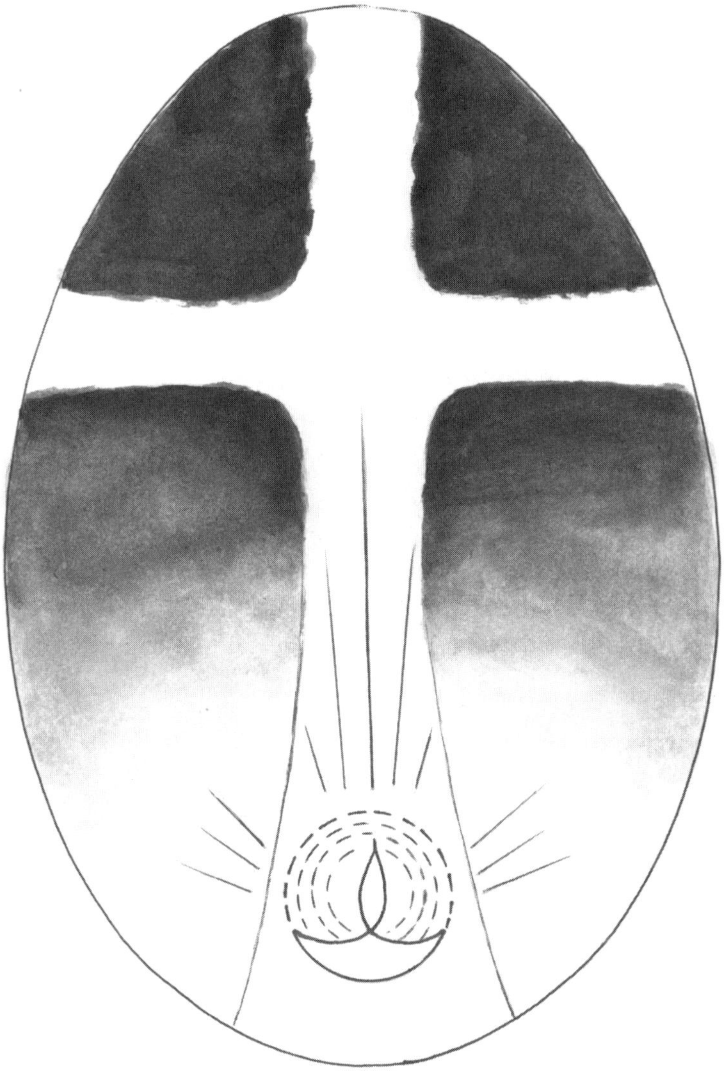

Unser Leidensweg

Geistliches Leben bedeutet, mit Gott unterwegs zu sein: dem göttlichen Geist Raum zu geben, damit er uns auf dem Lebensweg begleitet. Israel erfuhr Gott als Yahweh: Gott ist da bei uns. In Jesus begegneten die Jünger dem Emmanuel: Gott ist mit uns. In Krishna erkennen die Hindus den Bhagavan, den gnädigen Gott, der sie liebevoll wie eine Flöte in der Hand trägt. Die Muslime erfahren Gott als Rahman, den Barmherzigen, der ihnen die rechten Wege zeigt. Für die Buddhisten ist Buddha, der Erleuchtete, der Weg zur Befreiung. In allen Religionen gibt es die Grunderfahrung, dass Gott als Heilsbringer den Menschen auf dem Lebensweg begegnet und sie begleitet. Sich ganz auf den Weg Gottes einzulassen – das macht den Lebensweg zielbestimmt und angstfrei.

Wir begegnen Gott in einer intensiven Weise auf unserem Leidensweg. Wenn wir von schwerem Leiden betroffen sind, erfahren wir unsere Vereinsamung und Ausweglosigkeit. Wenn wir von Krankheit oder Tod belastet werden, wenn wir in eine akute Notlage geraten oder von nahen Menschen im Stich gelassen werden, schreien wir zu Gott: Warum lässt du dies in meinem Leben zu? Wenn große Erdbeben oder Flutwellen das Leben von Tausenden verschlingen, dann fragen wir: Wo ist denn Gott? In diesem Schrei ist das Urverlangen des Menschen nach Heil artikuliert.

Wir dürfen das Hadern mit dem eigenen Schicksal nicht verdrängen, sondern sollen es zulassen. Wir dürfen das Ringen mit Gott um Heilssinn nicht unterdrücken, sondern sollen es zum Ausdruck bringen. Am Kreuz schrie Jesus: »Mein Gott, mein Gott, warum hast du mich verlassen« (Mt 27,46). Jesus hat die Gottverlassenheit, das tiefste Leiden des Menschen, erlitten. Ehrlichkeit mit sich selbst verlangt Betroffenheit mit der eigenen Leidensgeschichte. Geistliches Leben befähigt uns, dem Leid ins Auge zu schauen.

Auf dem Leidensweg erleben wir Momente der dunklen Nacht der Seele. Manchmal werden sie so heftig, dass uns jeder Lebensmut geraubt ist. Wir sehen nicht den Weg für den nächsten Schritt. Wir wissen nicht, wie es weitergehen soll. In solchen Momenten der Ausweglosigkeit ist es wichtig, die inneren Gefühle zulassen zu können, den inneren Bewegungen des Geistes nachzuspüren. Jede Krise ist ein *kairos*, ein Moment der Gnade mit einer konkreten Herausforderung, neue

Wege einzuschlagen. Jede Krankheit hat eine Heilsbotschaft. Aber um sie zu erkennen, brauchen wir das innere Licht. Wenn das Leid im Heilssinn bejaht wird, hört es auf, bedrückendes Leid zu sein. Dann wird das Leid zum Kreuz, das zu neuem Leben führt. Tiefer kann ich nicht fallen, als auf den göttlichen Grund, der mich immer trägt und begleitet.

Wenn ich schwach bin,
dann bin ich stark.

2 Kor 12,10

Meditation

Sitz: Ich sitze aufrecht und innerlich gesammelt und komme zu einer leibhaften Stille.

Besinnung: Ich schaue ehrlich mein Leben an und versuche zu erkennen, was mich momentan bedrückt. Ich lasse die Gefühle in mir zu: Angst und Ausweglosigkeit, Vereinsamung und Verzweiflung. Ich nehme das Hadern mit mir selbst und das Ringen mit Gott bewusst wahr.

Übungswort: Wenn aus der Tiefe des Herzens ein Schrei zu hören wäre wie: *Mein Gott, mein Gott, warum hast du mich verlassen,* lasse ich ihn zu. Ich nehme die *dunkle Nacht* in mir an und vertraue mich ganz Christus an, der mich von innen begleitet.

Gottes Leidensweg

Wir Menschen haben eine Art angeborenes Gottesbild, denn wir reden spontan von einem allmächtigen, allwissenden, in Herrlichkeit oben herrschenden Gott. Gehen wir mit diesem schönen Gottesbild auf den Kalvarienberg. Schauen wir den geschlagenen, gestaltlosen Gekreuzigten an. Im Glauben bekennen wir: Dieser ist Gott für uns! Da brechen alle unsere prachtvollen und eigenmächtigen Gottesbilder zusammen.

Das Kreuz zeigt uns nicht einen allmächtigen, sondern einen entmachteten Gott; nicht einen über unseren Köpfen thronenden Gott, sondern den, der sich erniedrigt *(kenosis)* und den Menschen die Füße wäscht. Am Kreuz erkennen wir nicht einen Gott, der jenseits der Geschichte herrscht, sondern den, der unsere Geschichte zu seiner eigenen gemacht hat. Es ist nicht ein Gott, der in der Höhe herrlich thront, wenn Millionen von Menschen im Tal der Tränen mit ihrem Schicksal kämpfen, sondern der Gott, der auf unserem Leidensweg mit uns geht. Das Kreuz offenbart uns den mitleidenden Gott. Dieser Gott kann nicht in seiner Allmacht die Leiden dieser Welt mit einem Machtwort wegzaubern, denn er ist selbst zum Opfer des Leidens geworden. Der gekreuzigte Christus ist die Gestalt der Gegenwart des barmherzigen Gottes in unserer Mitte. Gott begegnet uns heute im Leiden der Menschen. Dieser Gott spricht uns an und sagt: Ich bin hungrig, ich bin durstig, ich bin krank, ich bin heimatlos (Mt 25,35–36). Der leidende Gott geht mit uns auf unserem täglichen Leidensweg. Darum dürfen wir eigentlich nicht über unser Leiden hinaus nach oben blicken, sondern müssen in die Wunden unseres Lebens ehrlich hineinspüren und dort das Mitleiden Gottes erkennen *(Theopathie)*.

Gott leidet mit uns, weil er uns liebt. Lieben heißt, vom Leiden des Geliebten betroffen werden. Nur ein leidensfähiger Gott kann Liebe heißen. Der Allmächtige kann nicht leiden, weil er nicht lieben kann, denn er braucht uns Menschen nicht! Wenn Gott die Freiheit des Menschen bejaht, ist er von der Ausübung unserer Freiheit gebunden. Die Freiheit des Menschen ist die Ohnmacht Gottes. Diese Verletzbarkeit Gottes hat Jesus durch das Gleichnis des verwundeten Vaters verdeutlicht (Lk 15,11–32). Der Vater liebte den Sohn und respektierte dessen Freiheit. Darum war er von der Abwendung des Sohnes tief verletzt. Solange Menschen auf dieser Erde im Leid stecken, solange Unterdrückung und Ausbeutung das Leben erschweren, können wir sinnvollerweise nur von einem leidenden Gott sprechen. Die durch die Sünde der Menschen in Gott tief angelegte Wunde ist am Kreuz offenbar geworden. Darum ist der gekreuzigte Christus das der Welt zugewandte Gesicht des barmherzigen Gottes in der Gegenwart.

Die Botschaft des Kreuzes
scheint Torheit zu sein,
aber für uns
ist sie die Kraft Gottes.

1 Kor 1,18

Meditation

Sitz: Ich sitze innerlich gesammelt und nehme die Situation, die mich belastet, deutlich wahr.

Wahrnehmung: Ich blicke vertrauensvoll auf den gekreuzigten Christus. Wenn es eine Hilfe ist, stelle ich ein Kreuz vor mir auf, sonst bleibe ich beim inneren Christusbild. Ich lasse die Gestalt des gekreuzigten Gottes auf mich wirken und erspüre die Gegenwart des leidenden Gottes. Ich empfinde, wie Gott auf meinem Leidensweg mit mir geht und auf dem Leidensweg vieler anderer Menschen.

Übungswort: Ich versuche, den ergreifenden Sinn des Wortes zu erspüren: *Ich war hungrig ...*

Die Verwandlung

Das Leben erreicht seinen letzten Sinn nicht im Leiden. Wenn jenseits des Leidens kein Heil ist, hat das Leiden selbst keinen Sinn. Daher ist es wichtig, dass wir mitten im Leiden fähig werden, über das Leiden hinaus die verwandelnde Gegenwart des göttlichen Geistes zu erkennen. Gott geht mit uns auf unserem Lebensweg als der mit uns leidende Gott, aber auch als der Gott, der mit uns das Leben neu gestaltet. Diese Erfahrung ist uns durch die Auferstehung Christi vermittelt.

Im auferstandenen Christus hat Gott das Reich des Todes überwunden und die Macht der Sünde gebrochen. Unsere Wunden werden geheilt und die zerbrochene Welt wird mit Gott versöhnt. In Christus hat Gott uns zur Freiheit berufen (Gal 5,1). Über die Finsternis des Leidens hinaus erstrahlt das Licht des auferstandenen Christus auf unseren Lebenswegen. Der Glaube an den auferstandenen Christus gibt uns den Mut, Ja zum Leben zu sagen, trotz der zerstörerischen Mächte in uns und um uns. So wird unser Schrei aus der Not in eine Haltung des Vertrauens umgewandelt.

Lieben heißt nicht nur mitleiden, sondern auch sich einsetzen, um den Geliebten aus dem Leiden zu befreien. Liebe verwandelt die Leidenssituation des anderen. Auferstehung ist die Offenbarung der neugestaltenden Kraft der Liebe Gottes: nicht der Allmacht Gottes, sondern des Durchströmens der göttlichen Kraft in die Verwandlung der Welt. Die gesamte Evolution der Welt geht auf die kosmische Auferstehung im Göttlichen zu (Röm 8,19–25).

Wir Menschen sind eingeladen, diesen Heilsprozess mitzugestalten. Wenn wir uns für Frieden, Gerechtigkeit und Bewahrung der Schöpfung einsetzen, nehmen wir Anteil am Werk des göttlichen Geistes. Wenn wir gegen die sündhaften Strukturen der Unterdrückung und Ausbeutung Stellung nehmen, tragen wir die prophetische Kritik Gottes in die Welt. Unser Einsatz für Heil und Harmonie in den vielfältigen Bereichen des sozialen Lebens, in der Familie oder Schule, in der Krankenstation oder Beratungsstelle – alles ist eine sakrale Aufgabe. Unser Engagement in Bereichen der Kunst oder Wissenschaft, Kultur oder Politik erhält eine göttliche Dimension. So verleiht Auferstehung dem Säkularen eine sakrale Sinntiefe. Im Lichte der Auferstehung leben wir in einem göttlichen Milieu. Emmanuel – Gott ist mit uns auf unseren Wegen der schöpferischen Tätigkeit.

Das Alte ist vergangen
und alles ist neu geworden.

2 Kor 5,17

Meditation

Sitz: Ich sitze innerlich gesammelt.

Atem: Mit der Aufmerksamkeit auf meinen Atem nehme ich die Gegenwart des göttlichen Geistes in meinem Leib wahr: Gottes Atem atmet in mir und erneuert mein Leben.

Wahrnehmung: Ich erlebe, wie der Geist die Finsternis in mir beseitigt und die Wunden heilt, wie er mich zu seinem Werkzeug macht, um der Welt Heil zu bringen. Ich lenke die Aufmerksamkeit auf einen konkreten Bereich meines Einsatzes für Menschen oder die Schöpfung. Ich versuche, meinen Dienst als Anteilnahme am Werk Gottes zu erkennen. Nicht ich bin eigentlich der Wirkende, sondern in mir wirkt der Geist des auferstandenen Christus, der durch mich die Welt neu gestaltet.

Übungswort: Ich lasse den Gehalt des Wortes auf mich wirken: *Zur Freiheit hat uns Christus befreit* (Gal 5,1).

Die Vergöttlichung

Wer bin ich? – dies ist die Grundfrage des geistlichen Lebens. Seher und Mystiker der Religionen vermitteln uns ihre Erfahrungen der Selbsterkenntnis. Sie helfen uns dadurch, den Weg zum Heil zu erkennen. Letztlich geht es um die Erkenntnis der göttlichen Dimension des menschlichen Seins. Der Weg zu dieser Erkenntnis ist der Weg zum Heil.

Wir haben diese Heilserkenntnis durch Jesus Christus erhalten. Durch seine Verkündigung, durch seinen Tod und seine Auferstehung sind wir begnadet zu erkennen, dass wir Söhne / Töchter Gottes sind, denn im Geist rufen wir Abba, Vater. »Sind wir Kinder, dann auch Erben, Erben Gottes und Miterben Christi« (Röm 8, 14–17). Wir sind Zweige des göttlichen Baumes (Joh 15,5), Ströme des göttlichen Quellbrunnens (Joh 7,38), Glieder des göttlichen Leibes (Röm 12,5). Der Geist des auferstandenen Christus fließt durch uns hindurch und verwandelt das Leben. Wenn wir in uns und um uns diesem verwandelnden Geist Raum geben, erfahren wir, dass der Geist das eigentliche Subjekt unseres Wirkens ist (Röm 8,16). In einem begnadeten Augenblick dürfen wir dann mit Paulus erkennen: »Ich lebe, nein nicht ich, Christus lebt in mir« (Gal 2,20).

Im Durchbruch zu diesem mystischen Bewusstsein erleben wir, was die christlichen Mystiker mit dem Wort *Theosis* bezeichnen: Vergöttlichung, Gottwerdung. »Theosis heißt Anteilnahme durch die Gnade an dem, was in Gottes Natur vorhanden ist.« (Johannes Damascenus).[21] »Das Wort Gottes wurde zu dem, was wir eigentlich sind, damit wir vollendet werden zu dem, was er eigentlich ist.« (Irenäus).[22] »Das Wort wurde Mensch, damit wir Menschen göttlich werden dürfen.« (Athanasius).[23] In Christus ist Gott Mensch geworden, um die in uns verborgene Dimension der Göttlichkeit wachzurufen. Jesus wollte uns seine Tiefenerfahrung mitteilen und uns an dem inner-trinitarischen Leben teilhaben lassen (Joh 14,20; 17,21–23; 1 Joh 1,6).

Das Leben, das aus dem Vatergrund durch den Sohn hervorquillt, belebt uns heute. Die Liebe, die Vater und Sohn verbindet, verwandelt uns im Jetzt. So sind wir zur Herrlichkeit Gottes eingeladen (Joh 17, 22–25). Christus ist die Gestalt der tiefen Einheit des Menschen mit dem göttlichen Seinsgrund, und durch ihn sind wir berufen »von der ganzen Fülle Gottes erfüllt zu werden« (Eph 3,19). An ihm erkennen wir, zu welch befreiender Erfahrungstiefe wir eingeladen sind, welcher Schatz in uns verborgen liegt. Erkenne, wer du bist; werde, der du bist: du bist göttlich! »Wer Gott erkennt, wird göttlich« (Mund. Up. 3,2,9).

Gott ist Mensch
geworden,
damit der Mensch
Gott wird.

Augustinus, PL. 38,1997

Meditation

Sitz: Ich sitze innerlich gesammelt und komme zur leibhaften Stille.

Atem: Mit jedem Atemzug erlebe ich, wie der Geist Gottes meinen Leib zu seinem Tempel verwandelt, wie der Atem Gottes mein Leben erneuert.

Bild: Mit dem Bild des Baumes oder der Quelle versuche ich, den Vorgang der Vergöttlichung in mir wahrzunehmen.

Übungswort: Ich lasse den Gehalt des Ausdrucks *Vergöttlichung des Menschen* auf mich wirken, oder ich wiederhole mit jedem Ausatmen *Sō-aham* (Ich bin Er).

Die neue Schöpfung

Der Geist des auferstandenen Christus verwandelt das Leben nicht nur in den Menschen, sondern auch im Kosmos. »Das Alte ist vergangen; Neues ist geworden« – so hat Paulus die kosmische Konsequenz der Auferstehung verdeutlicht (2 Kor 5,17). Die ganze Schöpfung wird vom Licht des Auferstandenen durchflutet. »Alles wird mit Gott durch Christus in Einklang gebracht« (Kol 1,20). »Gott versöhnt die Welt mit sich in Christus« (2 Kor 5,19). In jedem Atom schwingt die Kraft Christi, in jeder Lebenszelle pulsiert das Leben Christi. Die ganze Schöpfung erlebt eine universale *Christophanie*: Christi Gegenwart scheint durch alles hindurch. So gesehen ist die Auferstehung Christi das Vorzeichen und die Zusage der kosmischen Auferstehung, denn er ist der »Erstgeborene der neuen Schöpfung« (1 Kor 15,23). Alles wird zu seinem Leib verwandelt. »Gott will mit seiner ganzen Fülle in Christus wohnen und alles zu ihm führen« (Kol 1,19). »In allem sollen wir Christus in seiner Fülle darstellen« (Eph 4,13).

Eine Vision der endzeitlichen Integration finden wir auch in vielen spirituellen Traditionen. So sprechen die Buddhisten von der Buddha-Natur, die sich in allem entfaltet, und die Hindus vom Endzustand in dem alles zu Śiva verwandelt wird. Im Judentum gibt es die Erwartung des endzeitlichen messianischen Reiches und im Islam die Hoffnung, dass alle Menschen zum Gehorsam dem einen Gott gegenüber gelangen.

Solche Weltperspektiven der *Theophanie* verleihen dem geschichtlichen Werdegang eine Heilsbedeutung und der kosmischen Evolution eine Zielrichtung.

Die Auferstehung Christi ist nicht einfach ein Geschehen der Vergangenheit. Sie ist die Tiefendimension des Heilsvorganges in der Gegenwart. Der Geist des Auferstandenen schwingt im Kernbereich des Kosmos und verwandelt alles zu der neuen Schöpfung (2 Kor 5,17–18). Die ganze Schöpfung befindet sich in einem Prozess der Anteilnahme an der Freiheit der Kinder Gottes an göttlicher Herrlichkeit. Alles wird von der Verfallenheit befreit und am Ende zum Leib Christi verwandelt (Röm 8,19–23). Wir Menschen sind berufen, an diesem Prozess mitzuarbeiten. Eucharistie ist eine sakramentale Vorerfahrung des Heilszustandes der Schöpfung: zum Leib Christi werden. Durch den dem Evangelium entsprechenden Einsatz für eine bessere Welt gestalten wir mit dem Geist des Auferstandenen »den neuen Himmel und die neue Erde« (Offb 21,1). So sind wir Werkzeuge des Geistes in der Gestaltung des Reiches Gottes. Unser Wirken in den säkularen Lebensbereichen erhält dadurch einen sakralen Sinn.

Am Ende wird Gott
alles in allem sein.

1 Kor 15,28

Meditation

Gehen: Ich gehe auf einem einsamen Weg, innerlich gesammelt, aber mit allem tief verbunden.

Atem: Durch bewusstes Atmen spüre ich die innige Verbundenheit mit allen Wesen. Alle Wesen atmen durch die anderen Wesen. Ich erspüre, wie der Atem Gottes alles belebt.

Wahrnehmung: Ich nehme die Gegenwart des Geistes wahr, der alles belebt, erneuert und zu letztem Einklang führt. Der Kosmos ist der Leib Gottes, in dem alle Wesen eigentlich Teile voneinander sind. Mit Freude und Dankbarkeit erkenne ich, wie ich in diesen Heilsprozess einbezogen bin.

Übungswort: Ich verkoste die Sichtweise: *Gott in allem sehen und alles in Gott sehen.* Oder ich wiederhole: *īsāvāsyamidam sarvam* (Dies alles ist von Gott durchdrungen, Isa Up.1).

Die Barmherzigkeit

Wohin führt letztlich der geistliche Weg? Wie sieht das Leben aus der göttlichen Mitte aus? Meister und Mystiker aller Religionen bezeichnen Barmherzigkeit als das Merkmal eines Menschen, der ein tiefes geistliches Leben führt.

Barmherzigkeit ist nicht einfach das Gefühl von Mitleid. Der barmherzige Mensch geht auf den anderen mit echter Liebe zu, in der lebendigen Gegenwart Gottes. Daher ist Achtsamkeit eine Grundvoraussetzung der Barmherzigkeit. Achtsam wird man nur, wenn innere Freiheit wächst durch einen einfacheren Lebensstil, Vertrauen auf die Führung Gottes und Einheit mit dem göttlichen Seinsgrund. Diese Grundeinstellungen des befreiten und befreienden Lebens sind bei den folgenden Übungen angesprochen.

Es ist empfehlenswert, diese Meditationen beim innerlich gesammelten Gehen zu üben. Damit wird der Weg von Innerlichkeit zum Einsatz in der Welt deutlicher erlebt. Alle unsere geistlichen Übungen sollen letztlich zu einer Kultur der Barmherzigkeit führen, denn Gott will nicht Opfergaben, sondern Barmherzigkeit.

1. Ich löse mich von den inneren Blockaden.
2. Ich wende mich im Vertrauen Gott zu.
3. Ich erlebe die tiefe Einheit mit allem in Gott.
4. Ich verweile ganz in der Gegenwart gegenwärtig.
5. Ich erspüre, wie Gottes Barmherzigkeit durch mich hindurchfließt.

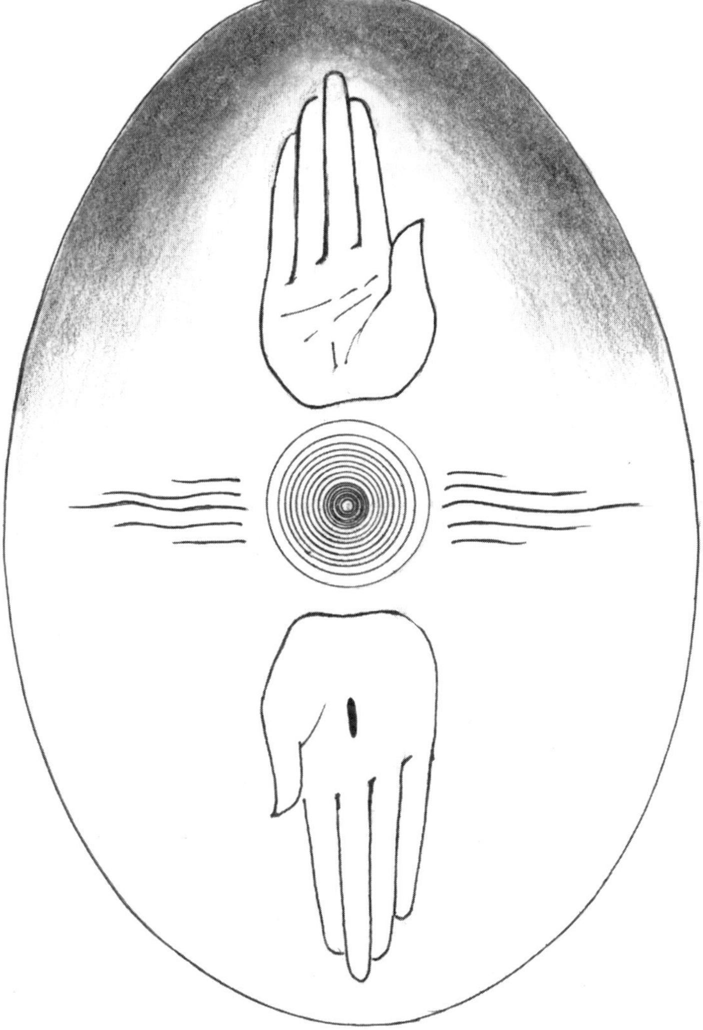

Die Askese

Geistliches Leben ist wie eine Pilgerreise. Wir sind innerlich unterwegs. Getrieben vom Geist Gottes leben wir in einer ständigen Aufbruchsstimmung. Innerlich sind wir herausgefordert, das Gegebene loszulassen und uns auf das Neue hin zu öffnen, uns von den gewohnten Wegen abzukehren und uns auf neue Richtungen einzulassen. »Ich vergesse, was hinter mir liegt, und strecke mich nach dem, was vor mir ist« (Phil 3,13). Auf dieser geistigen Pilgerreise geschieht eine Verwandlung des Bewusstseins: eine ständige Befreiung von der starren Ichhaftigkeit und die Verwirklichung des wahren Selbst im Einklang mit dem göttlichen Selbst.

Dem Geist Raum geben – darum geht es im geistlichen Leben. Dazu müssen wir viele Anhänglichkeiten aufgeben, die uns letztlich unfrei machen, und die Besitzgier überwinden, die das Leben unglücklich macht. Das Leben wird nicht dadurch besser, dass man im großen Vermögen lebt, sagt Jesus (Lk 12,15). Habgier ist die Ursache allen Leids, sagte Buddha (Vinaya Pitaka).

Der Weg zur inneren Freiheit von Habgier führt uns durch Askese. Ohne Askese können wir gar nicht weiterkommen. Damit ist nicht eine leibfeindliche oder weltabgewandte Haltung gemeint, sondern die Herstellung der Sakralität des Lebens. Durch Askese nehmen wir das Lebensumfeld als den sakralen Ort der verwandelnden Wirkung des Geistes Gottes wahr. Von daher werden wir nicht die Dinge der Natur mit Habgier anhäufen oder Menschen für das Ich missbrauchen. Wir werden sorgfältig mit den Gaben der Natur umgehen und sie gerecht verteilen. Wir werden jeden Menschen achten und ihm zur Entfaltung verhelfen. Askese verleiht dem Leben Qualität in Freiheit und Freude.

Askese bedeutet einen einfacheren Lebensstil, damit wir mit wenigen Dingen gut auskommen. Wenn man um angehäuften Besitz besorgt ist, kann man kaum dem Geist Raum geben. Die Konsumhaltung macht uns Menschen zu Sklaven der Begierden in uns und der Dinge draußen. Nur der innerlich freie Mensch genießt das Leben wirklich; nur ein solcher Mensch lebt, alle anderen leben am wahren Leben vorbei.

Verzichte
und genieße das Leben.

Isa Up.1

Meditation

Gehen: Ich gehe innerlich gesammelt auf einem einsamen Weg.

Atem: Mit Aufmerksamkeit auf den Atem komme ich zu einer tiefen Stille. Mit Vertrauen und Freiheit lasse ich mich in jedem Ausatmen los, damit die erfrischende Atemkraft in mich einfließen kann.

Wahrnehmung: Bewusst mache ich jeden Schritt nach vorne. Dabei erspüre ich, was es für mich bedeutet, den letzten Schritt hinter mir zu lassen, um überhaupt den nächsten Schritt machen zu können. So erkenne ich im bewussten Atmen und Gehen den Grundrhythmus des Lebens: das Lassen und Öffnen. Ich nehme meine Neigung zum Festhalten wahr, die die innere Freiheit blockiert. Ich frage mich, in welcher Form ich einen einfacheren Lebensstil entwickeln kann, damit ich innerlich frei bleibe.

Übungswort: Mit jedem Ausatmen wiederhole ich: *Los von mir.*

Das Vertrauen

Vereinsamung ist eigentlich das tiefste Leiden des Menschen. Das Schicksal des Menschen wird oft mit einem Vogel im Käfig verglichen. Der Vogel versucht herauszufliegen und stößt ständig an die Gitter des Käfigs. So wird das gefangene Wesen immer wieder mit seiner Grenze konfrontiert. Die Grenze als Grenze zu empfinden deutet die Grundausrichtung auf eine Welt, die über die Grenze hinausreicht. Der Vogel empfindet den augenblicklichen Zustand als bedrückend, weil er spürt, dass er für die Freiheit des Himmels geschaffen ist. In der existenziellen Vereinsamung spürt der Mensch, dass er auf das göttliche Du hin erschaffen ist. »Unruhig ist unser Herz, bis es in dir Ruhe findet« – so hat Augustinus die Ursehnsucht des Menschen ausgedrückt. [24]

Die in der tiefen Vereinsamung entstehende Sehnsucht ist auf Liebe und Geborgenheit im Seinsgrund ausgerichtet. Als personales Ich ist der Mensch auf das göttliche Du angelegt. Der Mensch sehnt sich nach einem personalen Gott, der ihm aus dem Seinsgrund des transpersonalen Göttlichen heraus begegnet. Er sehnt sich nach einem liebenden Wort, das in der Stille des Herzens erklingt, nach einer göttlichen Begleitung, die zur Freiheit führt. Und jede Religion versucht, diese Erfahrung der personalen Begegnung mit dem Absoluten zu vermitteln. Die Juden erkennen sie im Bund Yahwehs, die Hindus erfahren sie durch Siva oder Krishna, die Buddhisten durch Buddha, die Muslime durch Allah, der durch den Koran spricht. Wir Christen haben diese heilbringende Ankunft Gottes in Jesus Christus erlebt. Eine solche Heilserfahrung verleiht uns Menschen Vertrauen. Vertrauen aber befreit den Menschen von Vereinsamung.

Durch Vertrauen auf den göttlichen Heiland sind wir von der Urangst befreit. Nur das göttliche Du kann uns letztlich aus dem Gefangensein im kleinen Ich befreien. Dieses Vertrauen ist ein bedingungsloses Sich-Anvertrauen; dies ist Glaube. Das lateinische Wort *credere* heißt: das Herz geben, sich ganz von innen öffnen. Im Glauben vertrauen wir ganz auf den Gott, der uns in Christus begegnet und befreit. Es geht nicht um das Festhalten an einer Gestalt der Geschichte, sondern um das Begleitet- und Befreitwerden durch Christus in der Gegenwart. Christus ist der Name für Gott-mit-uns hier und jetzt. Unser Leben entfaltet sich durch Christus; unsere Zukunft nimmt auf Christus hin Gestalt an; unser Sein ist ein

Werden in Christus. »Zur Freiheit hat Christus uns befreit. Wenn wir uns von seinem Geist führen lassen, sind wir freie Menschen« (Gal 5,1.18).

Wer mir nachfolgt,
wird nicht in Finsternis wandern;
er wird vielmehr
das Licht des Lebens haben.

Joh 8,12

Meditation

Gehen: Ich gehe innerlich gesammelt auf einem einsamen Weg. Mit Aufmerksamkeit auf den Atem komme ich zu einer leibhaften Stille.

Wahrnehmung: Ich nehme in mir die tiefe Sehnsucht nach Licht und Gnade wahr. Ich sinne nach über die Erfahrungen der Nähe Gottes in meinem Leben. Ich stelle mir vor, dass Christus mich auf dem Weg liebevoll begleitet. Mit großem Vertrauen gehe ich meine Schritte mit ihm. Ich erspüre alles, was der Geist in mir in Bewegung bringt.

Übungswort: Mit jedem Ausatmen wiederhole ich im Leib: *Hin zu dir.*

Die Einheit

Vertrauen in den göttlichen Heiland verwandelt sich allmählich zur Erfahrung der Einheit mit dem göttlichen Grund. Innere Begegnung mit dem göttlichen Du erreicht die Erfüllung in der Einheit mit dem göttlichen Selbst. Ich bin vor Gott, in Gott und letztlich eins mit Gott – dies sind die drei Erfahrungsdimensionen in der Herzenskammer. Hier wird die göttliche Gegenwart als die tragende, belebende und verwandelnde Präsenz erfahren. Wir erfahren eine tiefe Einheit mit dem Seinsgrund, woraus, wodurch und worin das Leben sich entfaltet.

Mystiker aller Religionen versuchen, diese tiefste Einheitserfahrung durch Symbole darzustellen. Wie ein Tropfen mit dem Meer vereinigt wird, wie eine Flamme mit dem Feuer eins ist, wie ein Zweig mit dem Baum verbunden ist, wie ein Glied mit dem Leib in Einklang steht, so sind wir mit dem göttlichen Grund eins.[25] Es geht hier nicht um eine Vernichtung des Wesens, sondern um eine Verwandlung des Seienden im Seinsgrund, nicht um eine vergegenständlichende Denkart, sondern um eine Vertiefung des Bewusstseins. In der tiefsten Wahrnehmung, dürfen wir erkennen: Ich bin göttlich. Gemäß meiner Ichhaftigkeit ist Gott mir gegenüber; aber meinem wahren Wesen nach bin ich mit dem Göttlichen eins. »Im Geist Gottes sind wir vergöttlicht« (Origenes).[26]

Jesus hat den Durchbruch zum tiefsten Bewusstsein erlebt: Ich und der Vater sind eins. Und zu dieser Einheitserfahrung hat Jesus uns eingeladen: Wie ich und der Vater eins sind, so sollt ihr auch mit uns eins sein (Joh 17,21–23). Unser Leben entfaltet sich in Christus. Christus ist die Wirklichkeit unserer tiefen gnadenhaften Einheit mit Gott im Jetzt.

Diese mystische Erfahrung vertieft die innere Freiheit und Freude. In den Upanishaden wird Glückseligkeit *(ānanda)* als Gnade der Seinseinheit verstanden (Kath. Up. 2,23). Paulus spricht von Friede und Freude als Frucht des Geistes (Gal 5,22). Jesus versprach uns die Anteilnahme an seiner Herrlichkeit (Joh 17,24). Wenn wir uns mit dieser inneren Freude nach außen wenden, dann wird das Leben heller, mit göttlichem Licht durchflutet. Alles wird zu einer *Theophanie*.

Wie du, Vater, in mir bist
und ich in dir bin,
sollen auch sie in uns sein,
vollkommen eins sein.

Joh 17,21.23

Meditation

Gehen: Ich gehe innerlich gesammelt auf einem einsamen Weg.

Atem: Mit jedem Einatmen spüre ich die die Wirbelsäule entlang aufsteigende Atemkraft und mit jedem Ausatmen erlebe ich, wie die Atemkraft abwärts fließt und meinen ganzen Leib durchströmt. Ich erlebe weiter mit jedem Schritt, wie der Atemstrom nach außen fließt. Ich atme durch alle Lebewesen hindurch.

Wahrnehmung: Ich nehme die tiefe Einheit mit allen Wesen um mich herum dankbar wahr und darin die alles belebende Gegenwart des göttlichen Geistes. Gottes Geist verbindet und verwandelt alles. Mit tiefer Freude ahne ich die universelle *Theophanie*.

Übungswort: Am Ende des Ausatmens spreche ich in die Atempause: *Eins mit dir.*

Die Achtsamkeit

Das Leben, das aus der Einheitserfahrung gestaltet wird, hat zwei Grundmerkmale: Achtsamkeit und Barmherzigkeit. Die Erste bezieht sich auf Erkenntnis, die Zweite auf Liebe.

Achtsamkeit bedeutet: Der Gegenwart ganz gegenwärtig zu sein. Eigentlich leben wir nur im gegebenen Augenblick. Das Vergangene liegt hinter uns und das Kommende ist noch nicht in unserem Besitz. Alles, was wir besitzen, ist der augenblickliche Atemzug. Ob ich wieder einatmen werde, ist nicht sicher. Von Gegenwart zu Gegenwart entfaltet sich unser Leben. Spiritualität ist die Erkenntnis der göttlichen Tiefendimension der Gegenwart.

Wenn wir uns dieser Gegenwart anvertrauen, wenn wir die tiefe Einheit mit dem Grund erfahren, dann sind wir bereits in der Ewigkeit. Ewigkeit können wir ahnen als die göttliche Tiefendimension der Gegenwart. Ewigkeit entfaltet sich aus der göttlichen Tiefe des Augenblicks. Wenn wir mit dem göttlichen Auge in die Tiefe schauen, schauen wir in den Himmel in uns. Meditation macht uns dafür sensibel und dafür aufmerksam.

Wenn wir uns aus der Erfahrung der Alleinheit den Dingen der Natur und den Menschen zuwenden, dann sind wir ihnen gegenüber sehr achtsam. Wir werden fähiger, uns der Aufgabe ganz zu widmen, die wir momentan erfüllen, den Menschen ganz ernst zu nehmen, dem wir gerade begegnen, und dem Gedanken ganze Aufmerksamkeit zu schenken, worüber wir jetzt nachdenken. Achtsamkeit überwindet Zerstreuung und verfeinert die Kraft der Konzentration. Sie beseitigt Müdigkeit und verstärkt Kreativität. Sie verleiht dem Alltag Farben und gibt unserem Einsatz schöpferische Fantasie. Sie befähigt uns, Gott in allem zu sehen und alles in Gott zu sehen.

Achtsamkeit ist die Grundhaltung einer Kultur des Dialogs. Wenn wir achtsam den Gläubigen anderer Religionen begegnen, erkennen wir die Wirkung des göttlichen Geistes in ihren Herzen, die Schwingung des göttlichen Wortes in ihren Schriften, die Vermittlung der göttlichen Gnade durch ihre Symbole und die Entfaltung des Reiches Gottes in ihrem Leben. »Ein großer Respekt für alles, was der Geist Gottes in Menschen vollbringt, prägt unsere Grundhaltung, denn der Geist weht, wo er will« (Johannes Paulus II.).[27] Wir betrachten die Gläubigen anderer

Religionen als mitpilgernde Schwestern und Brüder. In großer Achtsamkeit teilen wir unsere geistigen Erfahrungen mit den anderen und gestalten mit ihnen die neue Welt des Friedens und der Gerechtigkeit. Was vor Gott gilt, ist nicht Leistungsfrömmigkeit, sondern Achtsamkeit.

Wer achtsam bleibt,
gelangt zur Erkenntnis und
in den Frieden.

Gita 4,39

Meditation

Gehen: Ich gehe innerlich gesammelt auf einem einsamen Weg. Ich nehme bewusst jeden Schritt wahr. Mit großer Achtsamkeit nehme ich jeden Atemzug dankbar wahr. Mit jedem Einatem fließt das neue Leben in mich ein.

Wahrnehmung: Ich versuche ganz in der Gegenwart zu verweilen. Dann stelle ich mir vor, dass ein Freund/eine Freundin einer anderen Religion mit mir geht. Ich nehme ihn/sie ganz respektvoll wahr. Ich erspüre, wie der Geist Gottes durch seine/ihre Worte mich anspricht, belebt und begeistert.

Übungswort: Bei jedem Einatmen verweile ich auf dem Sinn: *Neu aus dir.*

Die Barmherzigkeit

Wenn wir uns innerlich der Gegenwart des göttlichen Geistes öffnen, erleben wir alle Lebewesen in dieser allumfassenden Gegenwart. In jedem Wesen, besonders in jedem Menschen, ist Gott als mitleidender und mitgestaltender Gott gegenwärtig. Emmanuel – Gott ist mit uns, unter uns. Der Gott, den wir in der meditativen Stille der inneren Kammer erfahren, spricht uns auf dem Lebensweg draußen in der Welt an. Der mit uns mitleidende Gott, der sich im gekreuzigten Christus geoffenbart hat, ruft uns aus der Versenkung heraus, damit wir in der Welt Gott begegnen.

So öffnet sich unser Herz allen Wesen. Liebe fließt aus dem Herzen, aus der Mitte der Person. Dies ist Barmherzigkeit. Durch Barmherzigkeit strömt eigentlich Gottes Liebe in und durch unser Herz. Als barmherzige Menschen sind wir Kanäle der gebärenden und ernährenden mütterlichen Liebe Gottes. Im barmherzigen Umgang mit anderen erkennen wir, dass Gottes Geist durch uns die Welt neu gestaltet. Jesus lebte und wirkte aus dem göttlichen Bewusstsein heraus. Diese barmherzige Grundhaltung wollte er uns vermitteln. Er wollte, dass wir in den Armen und Leidenden ihm begegnen und uns für die Befreiung der Notleidenden einsetzen (Mt 25,35): »Selig sind die Barmherzigen« (Mt 5,7).

Barmherzigkeit wird in allen Religionen als Weg zum Heil und als Kennzeichen eines befreiten Menschen gepriesen: »Barmherzigkeit ist das Merkmal der Buddhanatur, die in allem vorhanden ist« (Buddhismus). »Sei freundlich und barmherzig zu allen Wesen« (Hinduismus, Gita 12,13). »Wichtiger als das Gebet ist Barmherzigkeit« (Islam, Koran 2,177). »Barmherzigkeit will Gott, nicht Opfergaben« (Judentum, Hosea 6,6). »Wo Barmherzigkeit ist, da ist Gott« (Sikhismus, Adi Granth). »Wenn Barmherzigkeit verschwindet, tritt Menschlichkeit zurück« (Taoismus, Chaunachu 3). »Barmherzigkeit allein macht das Leben lichtvoll« (Jainismus).[28]

Bei echter Barmherzigkeit geht es nicht einfach um Mitleid oder Toleranz. Sie verlangt, dass wir den Mut haben, zu den unmenschlichen Verhaltensweisen und ausbeuterischen Strukturen ein deutliches Nein zu sagen. Der prophetische Mut zur Kritik gehört zur Barmherzigkeit. Wenn wir aus einem durch die Meditation vertieften göttlichen Bewusstsein heraus reagieren, dann ist unser Leben von der

Tiefe der mystischen Einheitserfahrung und vom Mut des prophetischen Einsatzes geprägt. Den Mystiker in uns beleben, den Propheten in uns wachrufen – darum geht es in einer integrierten Spiritualität.

Sei barmherzig,
wie Gott barmherzig ist.

Lk 6,36

Meditation

Gehen: Ich gehe innerlich gesammelt auf einem einsamen Weg. Ich nehme mir einige Minuten Zeit, um durch bewusstes Atmen der Gegenwart gegenwärtig zu sein.

Wahrnehmung: Ich erspüre die Gegenwart Gottes in allen Dingen um mich, besonders in den verwundeten Menschen und in der verletzten Schöpfung. Mit barmherzigen Augen schaue ich sie an.

Übungswort: Mit Betroffenheit lasse ich mich wandeln von den Worten Jesu: *Liebet einander, wie ich euch geliebt habe.*

Nachwort

Nach jahrelanger Praxis der Meditation
kam der Schüler zum Meister und fragte:
»Was kann ich tun,
um zur Erleuchtung zu gelangen?«

»So wenig«, antwortete der Meister,
»wie du zum täglichen Aufgehen der Sonne
etwas tun kannst.«

»Warum soll ich dann täglich so diszipliniert
üben?«, fragte der verzweifelte Schüler.

»Damit du nicht schläfst, wenn die Sonne
aufgeht«, war die Antwort des Meisters.

Wachsam bleiben – darum geht es in der Meditation. Achtsam leben – darum geht es im geistlichen Leben. Eine zunehmende Sensibilität für den Geist Gottes und eine wachsende Aufmerksamkeit für Menschen (und Natur) – so würde ich die Frucht der Meditationspraxis beschreiben. Es geht nicht primär um eine visionäre Innenerfahrung, sondern um die Vertiefung des Bewusstseins. Meditation eröffnet die göttliche Sinntiefe des Alltags und macht die barmherzige Zuwendung zu den Menschen (und zur Natur) zum Sakrament der Liebe Gottes.

Tief im Meer fragte der kleine Fisch
den großen Fisch:
»Wo ist das Meer?«

Der Große antwortete:
»Du Kleiner, du schwimmst im Meer;
erkenne es!«

Der kleine Fisch war mit dieser Antwort
nicht zufrieden.
Er schwamm weiter und fragte jeden:
»Wo ist das Meer?«

So suchen wir Gott vor uns. Meditation hilft uns zu erfahren, dass wir in Gott sind, dass wir im göttlichen Meer leben, uns darin bewegen und darin atmen. Gott ist der Geist, in dem wir Gott als Subjekt erfahren: die innere Quelle, aus der wir leben, das Licht, in dem wir alles anders sehen. Diese Erfahrung vertieft die Sinnqualität des Lebens.

Erkenne, wer du bist; werde, der du bist – dies ist der Ruf, den wir von innen her wahrnehmen können. Darum stellen wir auf dem Weg der Meditation ständig die Frage: Wer bin ich? Der Übende darf bei keiner Antwort stehen bleiben. Die Suche nach Innen geht immer tiefer. In diesem Prozess entfaltet sich die mystische Erkenntnis: Ich bin göttlich. Darin treffen sich alle geistlichen Wege. Dem wahren Wesen nach sind wir göttliche Funken, Wellen des göttlichen Meeres, Zweige des göttlichen Baumes.

In Christus ist Gott Mensch geworden, um das Göttliche in uns zu erwecken, damit wir das Göttliche in uns erkennen und verwirklichen können.

Ich bitte, dass Gott euch nach dem Reichtum
seiner Herrlichkeit gebe,
in eurem Innern durch seinen Geist
an Kraft und Stärke zuzunehmen.

Durch den Glauben wohne Christus
in euren Herzen.

In der Liebe verwurzelt und auf sie gegründet,
sollt ihr zusammen mit allen dazu fähig sein,
die Länge und Breite, die Höhe und Tiefe
zu ermessen und die Liebe Christi zu verstehen,
die alles Erkennen übersteigt.

So werdet ihr mehr und mehr von der
ganzen Fülle Gottes erfüllt!

Eph 4,16–19

Anmerkungen

1 Für eine ausführliche Darstellung des Versenkungsprozesses: *Sebastian Painadath SJ,* Der Geist reißt Mauern nieder. Die Erneuerung unseres Glaubens durch interreligiösen Dialog, Kösel, München 2002, 111–144.
2 Zitiert nach *Adalbert L. Balling,* Bäume. Freunde der Menschen, Marianhill, Würzburg 1992, 88.
3 Zitiert nach *Adalbert L. Balling,* Bäume. Freunde der Menschen, Marianhill, Würzburg 1992, 65.
4 *Neil Douglas-Klotz,* Prayers of the Cosmos. Meditations on the Aramaic Words of Jesus, Harper, San Francisco 1990, 13.
5 Zitiert nach: *Willi Massa* (Hg.), Kontemplative Meditation. Die Wolke des Nichtwissens, Matthias Grünewald, Mainz 1974, 39.
6 Zitiert nach: *George A. Maloney SJ,* Prayer of the Heart, Ave Maria, Notre Dame 1981, 34.
7 *Dom Le Saux,* Indische Weisheit – christliche Mystik. Von Vedanta zur Dreifaltigkeit, Rex, München 1968, 213–214.
8 Zitiert nach: Ruhbach/Sudbrack (Hg.), Christliche Mystik. Texte aus zwei Jahrhunderten, Beck, München 1989, 92.
9 Für eine systematische Darstellung der Spiritualität der Gita: *Sebastian Painadath SJ,* Die Bhagavad Gita und christliche Spiritualität, in: *Peter Schreiner,* Bhagavad Gita. Wege und Weisungen, Benziger, Zürich 1991.
10 Zu empfehlen sind die folgenden Ausgaben der Bhagavad Gita:
Michael von Brück, Die Bhagavad Gita. Kommentiert von Bede Griffiths, Kösel, München 1993.
Peter Schreiner, Bhagavad Gita. Wege und Weisungen, Benziger, Zürich, 1991.
Anand Nayak (Hg.), Die Bhagavad Gita. In der Übertragung von Sri Aurobindo, Herder, Freiburg 1992.
11 *Karlfried Graf Dürckheim,* Der Alltag als Übung, Hans Huber, Bern 1972, 73–118.
12 Die Seitenzahlen beziehen sich auf: *Dietmar Mieth (Hg.),* Meister Eckhart. Einheit in Sein und Wirken, Piper, München 1986.
13 PL. 16,642

14 Zur Kulturgeschichte des Baumsymbols: *Alexander Demandt,* Über allen Wipfeln, Böhlau, Köln 2002.
15 Zitiert nach: *Adalbert L. Balling,* Bäume. Freunde der Menschen, Marianhill, Würzburg 1992, 3.
16 *Hermann Hesse,* Bäume, Insel, Frankfurt 1984, 10.
17 *Origenes,* Johanneskommentar, 3,5.
18 *Hugo Rahner SJ,* Gottesgeburt, Zeitschrift für katholische Theologie, 59 (1935), 333–418.
19 *Josef Quint (Hg.),* Meister Eckehart. Deutsche Predigten und Traktate, Diogenes, München 1979, 185.
20 Zitiert nach: *Ward,* Sayings of the Desert Fathers, London 1975, 102
21 *Johannes Damascenus,* Expositio Fidei, 88,18.
22 PG. 7,1120.
23 PG. 25,192.
24 *Augustinus,* Confessiones, 1.
25 Mund. Up. 3,2,8; Gita 15,7; Joh 15,5; 1 Kor 12,12. Teresa von Avila, Die innere Burg, siebter Raum.
26 *Origenes,* Johanneskommentar, 32,27.
27 Redemptoris Missio, 56.
28 Zitiert nach: *Andrew Wilson (Hg.),* World Scripture. A Comparative Anthology of Sacred Texts, International Religious Foundation, New York 1991, 87–92.

Abkürzungen

Indische Schriften

Die Veden sind die ältesten Schriften Indiens, ca. 1200–900 v. Chr. Die Upanishaden sind die Urquelle der östlichen Mystik, ca. 900–400 v. Chr. Über die Gita siehe Einführung zum Kapitel »Der Meister«.

Ath. Veda	Atharva Veda
Brih. Up.	Brihadaranyaka Upanishad
Chand. Up.	Chandogya Upanishad
Isa Up.	Isa Upanishad
Gita	Bhagavad Gita
Kath. Up	Katha Upanishad
Kena Up.	Kena Upanishad
Maha. Up.	Mahanarayaneeya Upanishad
Maitri Up.	Maitri Upanishad
Mand. Up.	Mandukya Upanishad
Prasna Up.	Prasna Upanishad
Tait. Up.	Taitireeya Upanishad
Vinaya Pitaka	(Buddhistische Schrift)

Kirchenväter

Adv. Prax.	Adversus Praxean
PG.	Minge, Patrologia Graeca
PL.	Minge, Patrologia Latina

Zur Aussprache der Sanskrit-Worte:

ś	palatales s, ausgesprochen als sch (z.B. *Śiva*)
ā ō ū	lange Vokale, ausgesprochen in verlängerter Lautform (z.B. *ānanda*)

Sebastian Painadath
Der Geist reißt Mauern nieder
Die Erneuerung unseres Glaubens durch interreligiösen Dialog
KÖSEL

Sebastian Painadath
Das Sonnen GEBET
Ein Übungsbuch zum Tagesbeginn
Kösel
missio